Zoologische Gärten

Heini Hediger

ZOOLOGISCHE GÄRTEN
GESTERN-HEUTE-MORGEN

Hallwag Verlag Bern und Stuttgart

Vorsatzbild:
Plan des Frankfurter Zoos aus dem Jahre 1874. Typisch für die damalige Zeit und für das folgende halbe Jahrhundert waren u. a. ein Musiktempel, eine Bärenburg, ein Elefantenhaus in maurischem Stil, ohne Bad und nur für ein Tier berechnet, ferner eine Antilopenanlage mit zentraler Stallung und sektorförmigen Ausläufen.
Der Frankfurter Zoo hieß früher «Garten auf der Pfingstweide». Die Abbildung wurde erstmals in der «Gartenlaube» veröffentlicht.

Umschlag: nach einem alten Zooplan
Zeichnung: Oskar Weiss, Bern
Gestaltung: Alfred Aenis

© 1977 Hallwag AG Bern
Gesamtherstellung: Hallwag AG Bern
ISBN 3 444 10229 1

Inhalt

  7 Vorwort

 11 Zoologische Gärten — einst und jetzt

 29 Vom Zwinger zum Territorium

 41 Die vier Hauptaufgaben der Zoologischen Gärten

 61 Fütterungsprobleme

 73 Tierpsychologie im Zoo

 87 Zoos von morgen und übermorgen

107 Literaturhinweise, Bildnachweis

108 Register der Tiernamen

Älteste Darstellung eines amerikanischen Bisons (Bison americanus) aus Gomaras Historia de los Indios, Saragossa 1552–1553. Nur wenige Zoobesucher, die an den Bisongehegen vorbeigehen, geben sich Rechenschaft, was für ein furchtbares Schicksal der Mensch diesem Tier, dem größten Landtier des nordamerikanischen Kontinentes, beschieden hat: Bis zu Beginn des 19. Jahrhunderts waren die Prärien – nach vorsichtiger Schätzung – von 60 Millionen dieser mächtigen Tiere bevölkert. An Am Ende desselben Jahrhunderts waren es noch knappe tausend Exemplare!

Mit gnädigster Bewilligung Einer Hohen Obrigkeit

Ist von früh Morgens bis Abends 8. Uhr alle Tage ein wunderbares lebendiges vierfüßiges Thier zusehen, welches über See und Land mit der grösten Lebens-Gefahr und vieler Mühe anhero ist überbracht worden. Dieses Thier ist in Amerika gefangen, doch unter den Christen bisdahin unbekannt, die Wilden aber nennen es Muthususa, aber durch die Engelländer ist der Name gefunden worden, Pisonn Jupadus, oder die Kron von reinem Vieh. Dieses Thier wigt 18. Centner und stellet verschiedene Staturen vor, wie auch Haar und Wolle und verschiedentliche Farben, dann zum

1.) Ist der Kopf als ein Bok, darauf trägt er eine Krone von seinem eigenen Haar, diese sind 18. bis 20. Zoll lang, und einem langen abhangenden Bart.

2.) Maul und Klauen als ein Rind-Vieh.

3.) Mähnen an dem Hals, und an den Vorder-Füßen wie ein Löw.

4.) Auf dem Ruken wie ein Trommendarus, darauf ist Wolle als auf einem Schaaf.

5.) Ist der halbe Leib im Sommer so kahl als eine Hand, darauf wächset des Winters Wolle wie Seiden.

6.) Ist der Hinter-Leib von oben als ein Esel.

7.) Hat es einen ganz kleinen Schwanz als ein Schwein.

8.) Von vornen ist es 6. Fuß hoch, und von hinten 4. und einen halben Fuß hoch und 10. Fuß lang. Dieses Thier ist an verschiedenen Königlichen Höfen mit der grösten Bewunderung gesehen worden. Und ist mit Wahrheit zusagen, daß solches Thier noch niemalen in Europa ist erhöret und gesehen worden.

Die Stands-Personen zahlen nach Belieben, Herren Burger und Gemeine 4. ß. und Kinder 2. ß. Dieses Thier ist zusehen auf dem Münsterhof bey der neuen Meisen.

Kleinplakat aus dem 17. Jahrhundert, das auf die Schaustellung eines Bisons (Bison americanus) auf dem Münsterhof in Zürich hinweist. – Im Mittelalter und später zogen oft Schausteller durch Europa und zeigten gegen klingende Münze allerlei exotische Tiere.

Vorwort

Dieses kleine Buch vermittelt Einblicke in die Geschichte der Zoologischen Gärten der Welt und in das Wesen der Zoos überhaupt.
Es hat insofern eine etwas ungewöhnliche Entstehungsgeschichte, als sein Inhalt zunächst in vielen Ländern verschiedener Kontinente und in mehreren Sprachen als Vorlesungen der URTI (Université radiophonique et télévisuelle internationale) unter dem Titel «Aspekte der Tiergarten-Biologie» ausgestrahlt wurde. Begreiflicherweise hatte die Ausstrahlung durch das Radio viele Rückfragen zur Folge. Manche Hörer wünschten weitere Einzelheiten oder Angaben über einschlägige Veröffentlichungen usw. In diesen Nachfragen kam ein sehr lebhaftes Interesse am Thema zum Ausdruck, so daß ich es kaum hätte verantworten können, das Radiomanuskript einfach in den Papierkorb zu werfen.
Der Hallwag Verlag in Bern, mit dem ich als Mitherausgeber der internationalen Illustrierten «Das Tier» verbunden bin, hat es unternommen, diese Manuskripte für die Hörer der Sendungen in Buchform herauszubringen. Aber auch vielen anderen, die nicht Radio hören, die für das Thema aber Interesse haben, sollen sie zugänglich gemacht werden. Das sind eigentlich alle Zoobesucher, die nicht nur gedankenlos an

den Käfigen und Gehegen vorbeigehen, sondern ein tieferes, ernsthaftes Interesse für die vielen behaarten, befiederten und beschuppten Pfleglinge bekunden. Diese Freunde des Zoos nehmen auch Anteil an Unterbringung und Pflege und darüber hinaus am Schicksal der Arten, um deren Erhaltung jeder gute Zoo mit allen Kräften bemüht ist. Diesen Umständen zum Trotz haben in letzter Zeit verschiedene Nicht-Fachleute – wie vor einem halben Jahrhundert – wiederum versucht, die Institution Zoo zu verunglimpfen und ihn als übles Gefängnis für Tiere darzustellen. Sie haben sich damit das Zeugnis ausgestellt, daß sie zwischen Medizin und Quacksalberei nicht zu unterscheiden vermögen; denn nicht jede Schaustellung von Wildtieren ist ein Zoo. Ihnen ist entgangen, daß die Pflege von Wildtieren in menschlicher Obhut sich zu einer Wissenschaft entwickelt hat wie seinerzeit die Medizin. Diese neue Wissenschaft heißt Tiergarten-Biologie. Der Umstand, daß mir die Universität Zürich erstmals einen Lehrauftrag für Tiergarten-Biologie und Tierpsychologie erteilte, ist vermutlich der Grund dafür, daß die URTI mich zu diesen Radiovorlesungen aufgefordert hat. Hinzu mag gekommen sein, daß ich während 35 Jahren einen Zoo betreut habe: 6 Jahre in Bern, 9 Jahre in Basel und 20 Jahre in Zürich. Dazu habe ich Zoologische Gärten auf allen Erdteilen und in allen Klimaten studiert und eine Anzahl selber geplant oder reorganisiert. Ich habe diese Aufgaben niemals leichtfertig ausgeführt und auch nie lediglich als Broterwerb aufgefaßt. Vielmehr war es mir schon als Kind ein wahrhaftes, tiefes Bedürfnis, Tiere zu verstehen und meinen Mitmenschen behilflich zu sein, Wege zu diesem Verständnis aufzufinden. In diesem Sinne entstanden auch die hier wiedergegebenen Radiovorlesungen. Da sie sich an einen sehr großen Hörer- bzw.

Von 1515 bis 1741, das heißt seit der berühmten Nashorndarstellung von Albrecht Dürer bis zur Ankunft des von Kapitän Douwemout nach Holland eingeführten Panzernashorns, wurden sämtliche abgebildeten Nashörner mit einem kleinen Schulterhorn, dem sogenannten Dürer-Hörnlein versehen. Erst der Import eines lebenden Nashorns bot Gelegenheit zu der Beobachtung, daß diese Tiere normalerweise kein Schulterhorn tragen. Diese Zeichnung des zwischen 1741 und 1750 in vielen Städten Europas gezeigten, völlig zahmen Exemplares ist 1748 entstanden.

Leserkreis wenden, habe ich mich – wie in meinen anderen Büchern – bemüht, so zu schreiben, daß jedermann meinen Gedanken folgen kann, vor allem im Interesse des Tieres, seines Wohlbefindens und seiner Erhaltung in einer Welt, in der nicht nur das Tier, sondern auch der Mensch selber immer mehr bedroht wird.

Während der Text wegen der kurz bemessenen Sendezeiten sehr knapp gehalten werden mußte, bot sich erfreulicherweise Gelegenheit, ihn nachträglich mit zahlreichen Illustrationen zu bereichern und durch ausführliche Legenden zu ergänzen. Die Bilder stammen teilweise aus historischen Quellen, von Tierfotografen, und zu einem wesentlichen Teil sind es auch Schnappschüsse, die ich auf meinen Reisen oder im jeweils «eigenen» Zoo gemacht habe.

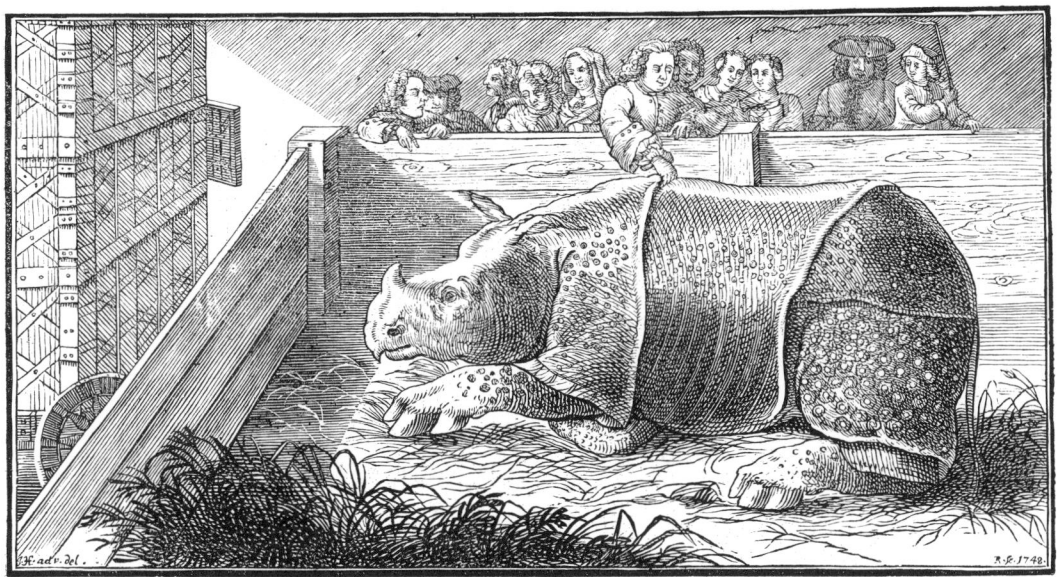

Wahrhafte und nach dem Leben gezeichnete Abbildung des liegenden Rhinoceros oder Nashorns, welches bereits in verschiedenen Ländern von Europa zur Schau herum geführt, und erst neulich in den meisten Haupt-Städten der Schweitz gesehen worden.

Zoologische Gärten
einst und jetzt

Damit wir uns recht verstehen: Nicht jedes Unternehmen, welches lebende Wildtiere in Gefangenschaft ausstellt, also dem Publikum zeigt, ist ein Zoologischer Garten bzw. ein Zoo. Das Wort «Zoo» ist übrigens eine international gebräuchlich gewordene Abkürzung von «Zoologischem Garten»; sie gilt praktisch in allen Sprachen.

Unter einem Zoo wird hier ein wissenschaftlich geleitetes Unternehmen verstanden, eine gemeinnützige kulturelle Institution, in welcher Wildtiere nach den Grundsätzen der Tiergartenbiologie der Nachwelt erhalten bleiben.

Die heute weltweit verwendete Abkürzung sollte uns aber nicht vergessen lassen, daß mit Zoo nicht nur Zoologie gemeint ist, also nicht nur lebende Tiere, sondern eben Tiere in einem Garten, in einem Park, daher auch – im Deutschen – die synonyme Bezeichnung Tier-Park.

Die nächstliegende Parallele zum Zoologischen Garten ist der Botanische Garten. Es ist nicht nur ein Spiel mit Worten, wenn ich jetzt darauf hinweise, daß eine entsprechende Abkürzung für diese Art von Naturgärten nicht bekannt ist; es gibt nirgends auf der Welt etwa einen «Bot» oder «Bota» oder etwas Derartiges.

Das ist kein Zufall, sondern beruht auf tiefgründigen Wesensunterschieden: Botanische Gärten sind immer wissenschaftliche Anlagen gewesen, mittelbare oder unmittelbare Ableger oder Teile von Universitätsinstituten. So hat jede Universitätsstadt bzw. jede Universität mit einem Botanischen Institut in der Regel

Bärengrube, wie sie um die Jahrhundertwende in sehr vielen europäischen Zoos angelegt worden ist. Die «Grube» als befestigte Vertiefung im Boden ist die älteste Form der Haltung von Großtieren.

auch ihren Botanischen Garten, welcher ganz selbstverständlich der Anschauung, der Lehre und der Forschung zu dienen hat, nebenbei meist auch dem Vergnügen des Publikums, das darin lustwandeln darf. Ganz im Gegensatz dazu ist mir keine einzige Universität bekannt, deren Zoologisches Institut ebenso automatisch einen Zoologischen Garten aufweisen würde.

Das ist wiederum kein Zufall, sondern durch verschiedene entsprechende Umstände begründet, vor allem dadurch, daß Pflanzen mit viel geringerem Aufwand, d. h. viel billiger zu halten sind als Tiere. Pflanzen brauchen im Prinzip geeigneten Boden, Licht, Wasser, eventuell Wärme und verhältnismäßig wenig Raum. Sie bieten auch keine besonderen Risiken, weder für die Pfleger noch für die Beschauer.

Demgegenüber sind Tiere sehr viel anspruchsvoller und entsprechend kostspieliger in bezug auf Anschaffung, Unterbringung und Pflege. Hier braucht es mehr als gelegentliche Düngung und Versorgung mit Wasser; das Tier erheischt einen enormen täglichen Aufwand an geeignetem Futter und an Reinigungsarbeiten, und außerdem bedarf es meistens auch einer aufwendigen Trennung zwischen Tier und Mensch, welche nach zwei Seiten hin genügenden Schutz gewähren muß.

Kein Wunder, daß sich die zoologischen Universitätsinstitute — von wenigen Ausnahmen abgesehen — davor hüten, sich die kostspielige Haltung von Großtieren aufzubürden. Auf der ganzen Welt bevorzugen sie jene Kategorie von billigen, auf engem Raum mit geringem Aufwand zu haltenden Laboratoriumstieren, die sich zudem leicht und in rascher Generationenfolge fortpflanzen. Zu diesen weltweit verbreiteten Laboratoriumstieren gehören z. B. die Essigfliege (Drosophila), die weiße Maus, die weiße Ratte, der Goldhamster, das Meerschweinchen usw. Auch einige Fische, anspruchslose Vögel und Kleinaffen gehören in diese Laboratoriumsmenagerien, derer sich auch die biomedizinische Forschung mit Vorliebe bedient. Die populärsten Gestalten der Zoos, also Elefant, Nashorn, Giraffe, Löwe, Tiger, Strauß, Zebra, Antilope usw., suchen wir in den Minimenagerien der Universitätsinstitute vergeblich. Das heißt, wir können ihnen sehr oft begegnen, aber nicht lebend, son-

Der erste Löwe hielt 1720 seinen Einzug in die Neue Welt, wie die Boston Gazette vom 20. September dieses Jahres meldet. Schon rund ein halbes Jahrhundert vorher, 1669, kam es in der kaiserlichen Menagerie des Lustschlosses Neugebäu, dem Vorläufer des Wiener Tierparks Schönbrunn, zum ersten Zuchterfolg. Das faszinierende Thema, wie Tiermütter ihre Jungen tragen, konnte – wie viele andere – vor allem in Zoos studiert werden.

dern tot in den zoologischen Museen, die nicht selten den Universitäten angegliedert sind.

Tote Tiere sind nicht nur in der Anschaffung wesentlich billiger als lebende, sondern ganz entscheidend auch in bezug auf den Unterhalt. Wenn sie einmal «ausgestopft» sind, also ihre Auferstehung aufgrund moderner dermoplastischer Methoden erreicht haben, bedürfen sie nur noch in großen Zeitabständen der Entstaubung und der Versorgung mit Insektiziden.

Die Haltung lebender Wildtiere im Zoo ist aber nicht nur die kostspieligste Art der Tierschaustellung, sondern mit Abstand auch die attraktivste, die mit dem allergrößten Schauwert. Im Zoo und seinen verschiedenen Vorformen, beim lebenden exotischen Tier kommt das schaulustige Publikum am ehesten auf seine Rechnung — viel mehr als bei den starren Museumstieren oder bei den unbeweglichen Pflanzen der Botanischen Gärten.

Das zeigt sich u. a. aufs deutlichste bei einem Vergleich der Besucherzahlen: Zoos weisen die zehn- oder hundertmal höhere Frequenz auf, obwohl der

Selbst zwischen Zoo und Kunstgeschichte lassen sich interessante Wechselbeziehungen finden: Über das sogenannte Dürer-Hörnlein auf dem weltberühmten Nashorn-Holzschnitt von Albrecht Dürer aus dem Jahre 1515 wurden viele Vermutungen angestellt. 1968 entdeckte der Verfasser im Zoo San Francisco ein Breitmaulnashorn (Ceratotherium simum), das genau an der entsprechenden Stelle auf der Schulter ein zusätzliches kleines Horn trug. Dadurch darf als sicher gelten, daß auch Dürers Nashornmodell (das er übrigens nie selber gesehen hat) ein derartiges überzähliges Horn getragen hat.

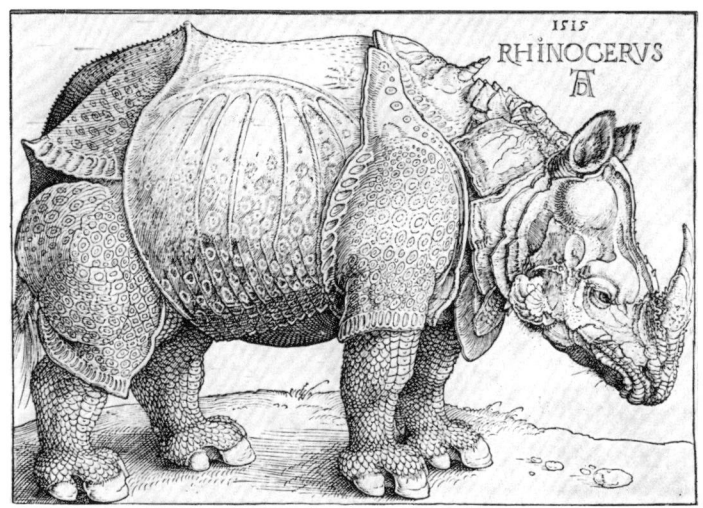

Eintritt meist wesentlich teurer ist. Aber die größere Popularität der Zoologischen Gärten gegenüber den Botanischen Gärten kommt — wie bereits kurz angedeutet — u. a. auch in einer scheinbar unbedeutenden Kleinigkeit zum Ausdruck: Für die Bezeichnung «Botanischer Garten» gibt es keine allgemein gebräuchliche Abkürzung wie das auf der ganzen Welt, von London bis Pretoria und von Tokio bis Chicago verbreitete Wort «Zoo».

Es gibt jedoch einige charakteristische Ausnahmen. Wer sich in Amsterdam nach dem Zoo erkundigt, wird kaum verstanden werden, auch nicht vom Stra-

Das Schulterhorn (Dürer-Hörnlein) von etwa 10 cm Höhe des San-Francisco-Nashorns in seitlicher Ansicht.

ßenbahnschaffner oder vom Taxichauffeur. In Amsterdam heißt der Zoologische Garten merkwürdigerweise «Artis». Das kommt daher, daß er eine Gründung der 1838 ins Leben gerufenen Gesellschaft ist, die «Natura Artis Magistra» als Leitsatz gewählt hatte: Die Natur ist die Lehrmeisterin der Kunst. Den ideal gesinnten Gründern mit dem Buchhändler Gerardus Frederik Westermann an der Spitze schwebte es vor, dem Publikum in einer großzügigen Anlage die Schönheiten der Natur vor Augen zu führen. Vom Publikum wurde der lateinische Spruch kurzerhand und endgültig auf «Artis» reduziert.

Noch eine zweite bezeichnende Ausnahme sei erwähnt: In Stuttgart geht man gleichfalls nicht in den Zoo, sondern in die «Wilhelma». Damit hat es folgende Bewandtnis: In den Jahren 1837 bis 1853 hatte sich der König von Württemberg, Wilhelm I., in Bad Cannstatt bei Stuttgart ein Lustschloß im Stile eines maurischen Märchenpalastes bauen lassen, mitten in einem weiten herrlichen Garten, der mit den kostbarsten und schönsten Gewächsen aus aller Welt bepflanzt war. Nach dem Ersten Weltkrieg wurde aus diesem Privatpark ein öffentlicher Botanischer Garten gemacht, und nach dem Zweiten Weltkrieg, als viele der zerstörten Anlagen neu gebaut werden mußten, benützte der damalige Gartenbauinspektor A. Schöchle die Gelegenheit, zwischen den gärtnerischen Sehenswürdigkeiten auch großartige Tierhäuser und Gehege einzubauen, so daß aus dem Botanischen Garten gleichzeitig ein Zoo wurde, der unter dem Namen «Wilhelma» bekannt ist.

Einen wohl einzigartigen Fall stellt der *Jardin des Plantes* in Paris dar. Er wurde ursprünglich auf Anregung von König Ludwig XIII. zum Anpflanzen von Medizinalkräutern gebaut und entsprechend den beiden Leibärzten seiner Majestät unterstellt. Das war im Jahre 1635. Im Verlaufe der Französischen Revolution, 1790, wurde der königliche Pflanzengarten vom Staat übernommen und 1794 dem neuen *Musée d'Histoire naturelle* unterstellt.

Aus dem Pflanzengarten ist durch Aufnahme immer neuer exotischer Tiere eine regelrechte Menagerie entstanden; so heißt sie heute noch offiziell gleichbedeutend mit *Jardin des Plantes*. Und diese heute eher altertümlich anmutende Anlage gehört, samt dem

Conrad Gesner (1516–1565), Universalgelehrter, Zoologe und Arzt in Zürich, Besitzer eines kleinen Museums und Kräutergartens, richtete ein Gesuch an die Stadtbehörden zur Errichtung eines öffentlichen botanischen Gartens zu wissenschaftlichen Zwecken, aber auch als Erholungsraum für die Stadtbevölkerung und als Attraktion für die durchreisenden Fremden. Das Projekt wurde abgewiesen und erst rund 100 Jahre später in Paris als Jardin des Plantes verwirklicht.

neuen Pariser Zoo, dem 1932 eröffneten *Parc Zoologique du Bois de Vincennes,* zu den «Collections vivantes du Muséum National d'Histoire Naturelle».

Nur in Klammern sei bemerkt, daß die Idee, einen Medizinalkräutergarten in Verbindung mit der Schaustellung lebender Tiere als öffentlichen Park einzurichten, schon rund ein Jahrhundert früher aufgetaucht ist, und zwar in der Schweiz. Der damals größte Naturforscher seiner Zeit, der Zürcher Stadtarzt Conrad Gesner (1516 bis 1565), der selber eine derartige Anlage im Kleinen besaß, legte ein verlockendes Projekt vor, das jedoch von den Stadtbehörden abgelehnt wurde.

Der gewiß eigentümliche historische und administrative Werdegang des *Jardin des Plantes* bietet uns die willkommene Gelegenheit, verschiedene Wesenszüge der Geschichte der Zoos an einem anschaulichen Beispiel — Paris — zu beleuchten. Nicht nur können sich Botanische Gärten in Zoologische Gärten verwandeln (es gibt mancherlei Übergangsstufen und Kombinationen), sondern Menagerien bzw. Zoologische Gärten können als Sammlungen lebender Tiere auch einem Museum angegliedert bzw. ein Teil von ihm sein, wie das heute noch in Paris der Fall ist.

Auch zwischen Zoo und Museum gibt es alle Übergänge und Kombinationen, so beispielsweise in Antwerpen, wo die *Société Royale de Zoologie d'Anvers* seit jeher Museum und Zoo gleichzeitig betreibt und zudem auf demselben Gelände in besonderen Gebäuden auch noch Konzerte, Ausstellungen und gesellschaftliche Anlässe veranstaltet.

Zoo und Museum unterscheiden sich nicht nur dadurch grundsätzlich, daß der Zoo mit lebenden, das Museum hingegen mit toten Tieren zu tun hat. Es kommt ein weiterer Unterschied dazu, der aber noch nicht überall Beachtung gefunden hat: Museen haben die Aufgabe, möglichst vollständige Sammlungen anzulegen, der Zoo aber hat repräsentative Vertreter des Tierreiches in beschränkter Zahl auszuwählen und diese in natürlichen Sozialverbänden (Familien und Gruppen) unter möglichst natürlichen Bedingungen in gefälliger Weise zu präsentieren und zu züchten.

Früher hatten Zoologische Gärten den Ehrgeiz — und einzelne haben ihn leider auch heute noch —,

«Obaysch» war das erste Nilpferd (Hippopotamus amphibius), das nach England gelangte, und zwar in den Londoner Zoo im Jahre 1850 als ein Geschenk des Vizekönigs von Ägypten. Damals war es üblich, daß so prominente Erstimporte (wie z. B. auch Giraffen) auf ihren wochen- oder monatelangen Reisen von einem einheimischen Pfleger begleitet wurden. So wurde auch Obaysch auf der Reise und während des ersten Jahres in London von seinem arabischen Pfleger Hamet betreut. – Heute werden auch Elefanten und Nashörner oft im Flugzeug befördert.

möglichst vollständige «Sammlungen», z. B. von Antilopen oder Einhufern oder Vogeltypen zu zeigen. Das ist eine schwerwiegende Verwechslung von Zoo und Museum, sozusagen ein tiergartenbiologisches Mißverständnis.

Die Wurzeln, aus denen die heute bestehenden Zoos im Laufe der Jahrzehnte und Jahrhunderte gewachsen sind, reichen in grundverschiedene Bereiche zurück, was bis heute seine Folgen hat. Ließen sich in den bisherigen Ausführungen zum Teil enge Beziehungen zum Botanischen Garten und zum Museum aufzeigen, so gilt es jetzt noch, auf einen besonders wichtigen Wurzelgrund hinzuweisen, der mit einem elementaren Wesenszug des Menschen zusammenhängt, nämlich mit seiner oft geradezu unbändigen Schaulust.

Diese ist zweifellos eine Primitivform von Interesse, von Neugier, wie wir sie auch beim Tier finden, und die von den Ethologen, den modernen Verhaltensforschern, als eine Vorform des Forschungsinteresses aufgefaßt wird. Zwischen dem primitiven Anglotzen und der besonderen und gezielten Forschung gibt es natürlich alle Übergänge, die von Instinktmäßigem bis zu den höchsten Intellektleistungen führen.

Der einfachen Schaulust des Publikums kommen heute nicht nur Verkehrsunfälle und Feuersbrünste entgegen, manchmal bis zur Behinderung von Ambulanzen und Feuerwehr, sondern zum Teil auch der moderne Schaukasten, die Television. Ein sachliches

Idylle aus den Anfängen der weltberühmt gewordenen Tierhandelsfirma Hagenbeck aus dem Jahre 1863. Während dieser Zeit hatte das Geschäft seinen Sitz am Spielbudenplatz in Hamburg. Seehunde gehörten zu den ersten Säugetieren, mit denen sich die ursprüngliche Fischhandlung beschäftigte.

Informationsbedürfnis steht dabei durchaus nicht immer an erster Stelle.

Früher, als es technische Schaumöglichkeiten wie Kino und Fernsehen noch nicht gab, übten andere Schaustellungen eine oft geradezu faszinierende Anziehungskraft aus, es sei nur an die verschiedenen Tierkämpfe erinnert vom alten Rom bis zu Wien, dessen Hetztheater unter Kaiser Franz bis 1796 in Betrieb war. In ihm wurden an Sonn- und Festtagen die scheußlichsten Grausamkeiten vorgeführt, d. h. Tiere aufeinandergehetzt, bis sie sich gegenseitig zerfleischten.

Kein moderner Zoo hat auch nur annähernd solche Zahlen von Großtieren aufzuweisen, wie sie im alten Rom vorrätig gehalten wurden, um sie für Schaukämpfe einzusetzen. Nach den Berichten von Gustave

Loisel, der 1913 ein dreibändiges Werk über die Geschichte der Wildtierhaltung veröffentlicht hat — das größte, das über diesen Gegenstand existiert —, wurden im alten Rom von Kaiser Nero vom Jahr 54 bis 68 nicht weniger als 400 Bären und 300 Löwen gehalten, dazu mehrere Elefanten. In der Menagerie von Gordianus I. (Jahr 237) gab es gegen 1000 Bären, 100 Tiger, 100 Giraffen, 150 Wildschweine, 300 Strauße usw. Gordian II. (238 bis 244) besaß außer vielen Löwen und Tigern u. a. auch 30 zahme Leoparden, 10 Hyänen, 32 Elefanten, 10 Elenantilopen, ein Nashorn und ein Nilpferd.
Neben dieser Massenhaltung, die der Vorführung von grausamen Tierkämpfen diente, nehmen sich die Tierbestände der heutigen Zoos äußerst bescheiden aus.
Bei der Betrachtung der Zoologischen Gärten kann man die Schaulust des Publikums und den Schauwert des zur Schau gestellten Gutes nicht umgehen. Generell läßt sich sagen, daß Tiere einen größeren Schauwert haben als Pflanzen, daher die höheren Frequenzen der Zoologischen Gärten gegenüber den Botanischen Gärten, die wir schon erwähnt haben. Es läßt sich auch gleich sagen, warum sich das so verhält: weil das Bewegliche, Dynamische unsere Schaulust mehr reizt als das Unbewegte, Statische. Nun sind Tiere grundsätzlich viel beweglicher als Pflanzen und haben u. a. schon deswegen den größeren Schauwert.
Ruhende Tiere üben erfahrungsgemäß die geringere Attraktion auf das Publikum aus als agierende, womöglich erregt agierende. Deswegen das altbekannte Gedränge zur Fütterungszeit vor den Raubtierkäfigen und die unanständigen Störungsversuche gegenüber ruhenden Tieren. Natürlich spielen hier, wie überhaupt beim Besuch der Zoologischen Gärten, noch andere Faktoren mit, doch haben wir es hier mit einem sehr knappen geschichtlichen Überblick zu tun und nicht mit einer eingehenden psychologischen Analyse, obgleich diese zweifellos sehr reizvoll wäre.
Verweilen wir noch einen Augenblick beim Begriff Schauwert. Es ist eine weltweit verbreitete, aber in der Praxis noch viel zuwenig berücksichtigte Gesetzmäßigkeit, daß einheimische Tiere einen viel geringeren Schauwert aufweisen als exotische Tiere. Viele Zoologische Gärten, die gemäß ihren Gründungsakten aus-

Hagenbeck's Menageriegarten in Hamburg. Der „Auslauf" der Nichtraubthiere.

Originalzeichnung von H. Leutemann.

Hagenbeck hatte viele Zoos in der ganzen Welt mit unzähligen Tieren beliefert. Das Bild zeigt einen aus dem Sudan angekommenen Transport im Tierpark am Neuen Pferde- einem Vorläufer des großangelegten Tierparkes in Stellingen/Hamburg. Eine der Giraffen ist dargestellt, wie sie einen fürchterlichen Fußtritt verabreicht, mit dem u. U. sogar einem Löwen der Schädel oder der Brustkasten zertrümmert werden kann.

Zoologischer Garten Basel

No. 1.   **1890.**

Die No. 1 des Zoolog. Gartens in Basel ist in einer Auflage von 3000 Exemplaren gedruckt und wird jedem Besucher des Gartens *gratis* zugestellt.

Auf Wunsch und bei vorheriger Bestellung werden weitere Exemplare in beliebiger Zahl an Inserenten zum Kostenpreise abgegeben.

Für Inserate beliebe man sich an die Direktion des Gartens zu wenden.

Erster und einziger

Zoologischer Garten
der Schweiz.

In der Nähe des

Zentralbahnhofs

gelegen.

Station der Birsigthal-Bahn.

Durch schattige Alleen und die Anlagen des Nachtigallenwaldes mit der Stadt verbunden und für Fussgänger in 5—10 Minuten leicht erreichbar.

Reichhaltige Sammlung
einheimischer und fremder Tiere.
Löwen, Leoparden, Bären,
Wölfe und andere Raubtiere.
Elephant, Kameele,
Lamas, Shetland-Ponies,
ausländische Rinder, Hirsche,
Ziegen- und Antilopen-Arten.
Affen.

Grosses Hühnerhaus mit Nutz- u. Ziergeflügel. Reich besetzte Fasanerie. Teiche und Wassergeflügel. Raubvogelvoliére und Eulenburg. Strausse und Papageien.

Prachtvoller Naturpark.
 Schattige Ruheplätze.

Grosse Festmatte
für Volks-Spiele und Schau-Stellungen.

| En gros | **12 Eisengasse 12** | En détail |

nächst der alten Rheinbrücke

MAX OETTINGER

Beste Bezugsquelle für gute Cigarren.

Specialität
in
ächt importirten
Habana-Cigarren
erste Marken
von
Fr. 17.— bis Fr. 400.—
pr. 100 Stück.

Schweizer-, Bremer-, Hamburger- und Holländer-
 Fabrikate
von
Fr. 6.50 bis Fr. 30.—
pr. 100 Stück.

Alte
gelagerte Vorräthe
in
Ormond
Vautier
Weber fils
Hoffmann
etc. etc.

Türkische, egyptische,
russische
und französische
Cigaretten.

Vorzügliche
Qualitäten
bei
billigsten Preisen.

 Filialen:

Zürich : 76 Bahnhofstrasse 76.
Interlaken : neben Hôtel Schweizerhof.
St. Ludwig i./E. : Zollfreier Versandt nach ganz Deutschland.

Wir bitten höflichst den Zoologischen Garten Freunden und Bekannten zum Besuche oder zum Abonnement empfehlen zu wollen.

Eintrittspreis 50 Cts.
per Person.

Kinder und Militär
25 Cts.

Schulen in Begleit. der Lehrer
20 Cts.

Bei günstiger Witterung jeden Sonntag
von 4—7 Uhr

CONCERT
zu ermässigten Eintrittspreisen.

 Abonnemente

gültig für **1 Jahr**, jeweilen vom 15.
März an gerechnet:
für eine Person   Fr. 10.—
für ganze Familien »   20.—

Geräumige Restauration
inmitten des Gartens.

Reelle Weine,
kalte und warme Speisen.
Café complets
für Gesellschaften und Familien.
Zuvorkommende Bedienung bei billigsten Preisen.

Der Garten ist von Morgens
7 Uhr an geöffnet.

schließlich die einheimische Tierwelt ihres Landes zeigen wollten, mußten bald dazu übergehen, auch exotische Arten in ihren Tierbestand aufzunehmen, weil die einheimischen Arten nicht genügend Publikum anzuziehen vermochten. Das gilt für Zoos aller Erdteile; denn überall wird unter exotisch wieder etwas anderes verstanden. Der 1874 eröffnete Basler Zoo beispielsweise war ursprünglich nur für die einheimische Tierwelt gedacht, mußte sich aber bald auf exotische Tiere umstellen. Das amerikanische Publikum will Elefanten, Tiger und Löwen sehen, nicht nur Kojoten, Waschbären und Stinktiere, während in Indien sich niemand für Affen interessiert. In vielen Tropengegenden stehen bezeichnenderweise Eisbären ganz oben auf der Wunschliste der Zoos.

Schon vor Jahrhunderten haben es geschäftstüchtige Menschen verstanden, gerade durch die Schaustellung exotischer Tiere die Schaulust der Menschen zu reizen und sie dafür bezahlen lassen. So entstanden die fahrenden Schaubuden auf den Jahrmärkten und die permanenten Menagerien auf den Rummelplätzen und Vergnügungsparks, auch die Kuriositätenkabinette, wie sie heute da und dort noch existieren.

Der Mensch hat ein primitives Interesse an Kuriositäten; ihnen hat zu allen Zeiten seine Schaulust gegolten. Es ist übrigens bezeichnend, daß das französische Wort «curiosité» gleichzeitig Sehenswürdigkeit und Neugierde bedeutet. «Curiosité» ist also eine Eigenschaft, die sowohl dem Objekt wie dem beschauenden Subjekt zukommt; beide passen aufeinander wie Positiv und Negativ.

Wenn es zutrifft, daß sich die urtümliche, tierhafte Neugier zu wissenschaftlichem Forschen entwickelt hat, so dürfen wir gleichermaßen eine Sublimation glotzenden Anschauens zu höheren, z. B. ästhetischen Formen des Betrachtens und Beobachtens annehmen, eine Wertschätzung des Schönen, des Besonderen und des Seltenen, Kostbaren. Dabei kommt auch mit ins Spiel, Derartiges zu besitzen, zunächst für sich selbst, und dann um auch andere weite Kreise am Genuß des Betrachtens und Bewunderns teilhaben zu lassen.

Es überrascht daher nicht, wenn wir vernehmen, daß es vor allem wohlhabende und mächtige Fürsten waren, welche die ersten Vorformen unserer heutigen

Wie viele andere Zoologische Gärten in Europa, so war auch der Basler Zoo (1874) ursprünglich nur für einheimische Tiere gedacht, was in dieser Darstellung zum Ausdruck kommt: Bär, Gemse und Hirsch. Gleichzeitig handelt es sich hier um den Titel dessen, was wohl als die erste Zoo-Zeitung (1890) gelten darf.

Zoos ins Leben gerufen haben. Die älteste Anlage dieser Art ist wohl der sogenannte «Park der Intelligenz» in China, welcher im Jahre 1150 v. Chr. von einem Ahnherrn der Tschen-Dynastie, dem Fürsten Wen-wang, geschaffen worden ist.

Ankunft und Wegzug prominenter Tiere bilden nicht nur für das Personal, sondern ebenso für das Publikum vielbeachtete und vieldiskutierte Ereignisse. Der Abschied des ungeheuer populären afrikanischen Elefanten Jumbo im März 1882 aus dem Londoner Zoo schlägt aber alle Rekorde. Wegen seiner Gefährlichkeit wurde er nach Amerika an den Zirkus Barnum verkauft, was beim Londoner Publikum einen Sturm der Entrüstung auslöste. Tierfreunde brachten dem mächtigen Elefanten Unmengen von Leckerbissen, unsinnige Spielzeuge und sogar Bücher vor seiner Abreise.

Dieser «Zoo» findet im heiligen Buch der Schi-king wieder Erwähnung. Er bestand noch im 4. Jahrhundert v. Chr. und enthielt allerlei Säugetiere, Vögel, Schildkröten und Fische. Kein Geringerer als Friedrich Rückert (1788 bis 1866) hat das Gedicht aus dem Chinesischen übersetzt. Ich möchte nur die ersten vier Zeilen davon zitieren, weil schon aus diesen die freudige Stimmung bei der ästhetischen Betrachtung und das gute Mensch-Tier-Verhältnis treffend zum Ausdruck kommen:

Der mächt'ge Fürst Wen-wang
Im Waldgeheg Lin-yo
Sieht an vergnügt und froh
Der zahmen Rehe Gang,
Die nicht der Menschen Anblick scheuen
und sich zusammen spielend freuen.

Als Zoodirektor wird man besonders beeindruckt von der subtilen Stimmung bei der respektvollen Begegnung zwischen Mensch und Tier. Die Massenbesuche in den heutigen Zoos mit dem unvermeidlichen Prozentsatz von Rowdies und Zoovandalen lassen diese schöne Atmosphäre nur noch gelegentlich aufkommen — am ehesten noch am Abend, nach der Schließung der Tore (was Zoodirektoren natürlich nur flüsternd und vertraulich aussagen dürfen).

Es ist kein Zufall, sondern es entspricht der Regel, daß dieser erste Zoobesitzer ein Fürst war. Wir finden diese Regel durch Jahrhunderte in vielen Ländern bestätigt. Ein sprechendes Beispiel aus unserer Zeit ist der Privatzoo des Fürsten von Monaco in Monte Carlo.

Zu den ältesten Zoos, von denen wir Kunde haben, gehört der von Montezuma (1480 bis 1520), des letzten aztekischen Herrschers von Mexiko. Mit der Tierpflege und dem Aufsammeln der Vogelfedern waren rund 300 Wärter beschäftigt.

Die lange Geschichte des Schönbrunner Tiergartens in Wien und seiner Vorläufer, wie sie von Ursula Giese (1962) und dem jetzigen Direktor Walter Fiedler (1976) dargestellt worden ist — ebenso die Entstehung vieler englischer, italienischer und anderer Zoos — bieten gute Beispiele von Gründungen Zoologischer Gärten durch Fürsten.

Daneben war aber die Schaffung von Zoos oft auch ganz anders motiviert, nämlich durch primär wissenschaftliches Interesse. Das braucht nicht unbedingt im Gegensatz zu den Interessen der erwähnten Fürsten zu stehen; vielmehr waren diese nicht selten auch Förderer der Wissenschaft. So haben z. B. die Wiener Herrscher im 18. und 19. Jahrhundert zahlreiche Expeditionen ausgeschickt nach Westindien, Südafrika, Brasilien usw., nicht nur zur Bereicherung ihrer Anlagen mit lebenden Tieren und Pflanzen, sondern auch zum Sammeln konservierten Materials, das den damaligen Gelehrten zur Bearbeitung überlassen wurde. Besonders Zoologie und Botanik sind — neben Ethnologie, Mineralogie usw. — dadurch großzügig gefördert worden.

Als klassisches Beispiel einer wissenschaftlichen Zoogründung darf der *London Zoo* (1829) gelten. In seinem wissenschaftlichen Publikationsorgan, den berühmten *Proceedings of the Zoological Society of London,* ist ein riesiges Material aus dem Zoo verwertet worden. Viele hervorragende Gelehrte haben sich an dieser Auswertung beteiligt, ebenso wie in Paris schon immer hervorragende Forscher wie Buffon, Cuvier, Lacépède, Geoffroy St. Hilaire um die wissenschaftliche Tätigkeit im *Jardin des Plantes* bemüht waren. Ähnlich verhält es sich mit dem *Bronx Zoo* in New York (1899), wo sich einflußreichen Politikern wie Theodore Roosevelt bald große Gelehrte wie Henry Fairfield Osborn anschlossen, um den Zoo zu entwickeln, der auch seine eigenen hervorragenden Forscher hervorbrachte: William T. Hornaday, Raymond L. Ditmars, William Beebe, John Tee-Van, Lee S. Crandall, William Conway u. a.

Auch derartige wissenschaftliche Gründungen und Zoos, die heute internationales Ansehen genießen, wie z. B. der San-Diego-Zoo in Südkalifornien, mußten in ihrer Anfangszeit gelegentlich aus finanziellen Gründen Konzessionen ans breite Publikum machen und z. B. in der Werbung, nicht selten auch in der Präsentation von Tieren Methoden anwenden, welche den primitiven Schaubuden und Menagerien eher angemessen gewesen wären. So wurde dort einmal ein gepuderter «weißer Elefant» ausgestellt.

Angesichts der vielen zum Teil grundverschiedenen Wurzeln, aus denen sich die Zoos der Gegenwart entwickelt haben, ist es eigentlich nicht überraschend, wenn festgestellt werden muß, daß es auch heute noch — selbst in großen Weltstädten — sogenannte Zoos gibt, die ihrem Wesen nach der Schaubude und dem Vergnügungspark noch näher stehen als einem Zoo im Sinne einer kulturellen Institution, wie das heute gefordert werden muß. Es gibt leider auch heute noch Zoos, die, wissenschaftlich völlig steril, immer noch reine Schaubetriebe sind.

Vom Zwinger zum Territorium

Bei unserer geschichtlichen Betrachtung der Zoologischen Gärten von einst und jetzt war eigentlich ausschließlich vom Menschen die Rede, von seinem Interesse am Tier und seiner Einstellung zum Tier, z. B. als Attribut oder Statussymbol seiner fürstlichen Macht, als lebende Kuriosität, welche der Schaulust entgegenkam, als Mittel zum Geschäftemachen aufgrund dieser Schaulust usw.

Das ist offensichtlich nur *ein* Aspekt der Entwicklung der Zoologischen Gärten; der andere, im Grunde genommen wichtigere, ist der tierliche Aspekt, d. h. was bedeutet die Entwicklung der Zoos in den letzten Jahrhunderten und Jahrzehnten für das Tier?

Diese entscheidende Entwicklung läßt sich treffend charakterisieren durch die beiden im Titel genannten Stichworte Zwinger und Territorium.

Bis gegen die Mitte unseres Jahrhunderts war die Bezeichnung Zwinger für Räume, in denen Bären, Löwen, Tiger oder andere Raubtiere in Zoologischen Gärten untergebracht waren, noch durchaus gebräuchlich; «Hundezwinger» ist heute noch geläufig. Im Zoo hat man sich z. B. unter einem Bären- oder Löwenzwinger einen altmodischen, von dicken Eisenstangen und womöglich einwärts gebogenen Spitzen starrenden, engen, düsteren, muffigen, kerkerartigen Käfig vorzustellen. Dieser im vergangenen Jahrhundert allgemein übliche Käfigtyp ist heute zum Glück weitgehend verschwunden; er wurde verdrängt durch die sogenannten Freianlagen.

Dieser technischen Wandlung liefen eine biologische und eine psychologische parallel, bzw. diese drei Ent-

Die erste Geburt eines Elefanten in einem Zoo erfolgte 1906 im Tiergarten Schönbrunn/Wien. Vorher und in vielen Zoos auch noch während späteren Jahrzehnten wurden Elefanten einzeln gehalten und meist ohne Bademöglichkeit. In biologisch orientierten Zoos wurden die Elefanten wenigstens von Zeit zu Zeit gewaschen, wie diese alte Darstellung der «Elephantentoilette» veranschaulicht.

Ursprünglich bestanden viele Vorläufer des Zoos lediglich in einer Aufreihung von soliden Einzelkäfigen ohne jede Inneneinrichtung. Es waren nackte Kuben anstatt sinnvoll transponierter Territorien.

Das Gittergewirr in diesem altmodischen Zoo ist so dicht, daß die darin lebenden Tiere vom Publikum kaum mehr gesehen werden können. Unter keinen Umständen sollten Doppelgitter in verschiedenen Abständen oder Gitter auf Gitter verwendet werden. Auch Bären lassen sich heute in biotopgerechten gitterlosen Freianlagen zeigen. Hingegen wäre es zweifellos interessant, solche Antiquitäten in einem Zoo-Museum zu konservieren. Ein solches Museum (ohne Tiere) mit allem heute noch aufzutreibenden Zubehör, wie Futtertröge, Putzinstrumente, Türen, Türverschlüsse usw., wäre nicht nur tiergartenbiologisch lehrreich, sondern auch eine einzigartige, bisher leider fehlende Publikumsattraktion.

wicklungen durchwirkten sich aufs mannigfaltigste und führten zu einer grundsätzlich neuen Art der Tierhaltung im Zoo, die sich nicht nur durch das Fehlen von Eisenstangen auszeichnet, sondern die sich bemüht, dem Tier — sei es Affe, Huftier oder Eidechse — räumlich das zu bieten, was seinem natürlichen Territorium am ehesten entspricht, also ein künstliches Territorium.

Wir werden gleich sehen, was unter Territorium zu verstehen ist, doch gilt es vorher noch, sich daran zu erinnern, was im Wort Zwinger steckt: Zwinger kommt — wie jedes Lexikon ausführt — von zwin-

Mit Sicherheit läßt sich voraussagen, daß die altmodischen Gitter-Zoos mit ihren schematischen, eisenstangenstarrenden Käfigen verschwinden werden. Tiere sollen nicht als Gefangene, sondern als Grundbesitzer, d. h. als Bewohner biologisch gestalteter Territorien gehalten werden.

gen, Zwang ausüben, und zwar ursprünglich gegenüber Menschen: Ein Zwinger war im Mittelalter der von Mauern und Wachttürmen umschlossene Hof einer Burg, einer Zwingburg. Sekundär diente das Wort Zwinger dann zur Bezeichnung eines Käfigs für wilde Tiere. Man verstand darunter also einen Raumausschnitt, in dem ein Tier oder mehrere Tiere unter Zwang gehalten, nämlich festgehalten, d. h. vor allem am Entweichen gehindert wurden. Die wilden Tiere lebten im Zwinger als Gefangene.

In diesem Tatbestand wurzelt die heute zum größten Teil überwundene, nur in einzelnen tierfremden Kreisen noch schwelende Auffassung, nach welcher Zootiere als eine Art arme Strafgefangene zu bedauern sind, und zwar vorwiegend als unschuldige Strafgefangene, die sich voller Gram, Trauer und Rachegefühl nach der verlorenen «goldenen» Freiheit zurücksehnen und an Heimweh sterben.

Es ist in jeder Beziehung verkehrt, Tiere zu vermenschlichen; gerecht und biologisch richtig ist es allein, das Tier als Tier zu beurteilen, zu verstehen und

So wie vor rund hundert Jahren im Londoner Zoo kann es unter Umständen auch heute notwendig werden, einem Nashorn die mißgestalteten Hörner abzusägen, besonders wenn die Inneneinrichtung des Geheges dem Tier eine selbständige Hornpflege an Bäumen, Steinen usw. nicht gestattet. Der Eingriff ist schmerzlos wie bei uns beispielsweise das Schneiden der Fingernägel.

zu behandeln. Sonst kommt es zu bedenklichen Entgleisungen, unter denen meistens das Tier zu leiden hat, sei es durch quälerische Methoden zur Erzwingung unmöglicher Dressurleistungen (z. B. Stubenreinheit, wo die physiologischen Voraussetzungen dazu fehlen) oder durch unsinnige Verhätschelung mit Pralinenfutter, Kissen usw.

Sich die Tiere im Zoo als eine Art unschuldige Strafgefangene vorzustellen ist heute ebenso falsch wie der Glaube, daß der Gesang aus dem Radio von darin eingesperrten Menschlein hervorgebracht würde.

Viel zutreffender läßt sich heute das Wildtier im Zoo charakterisieren als ein Grundbesitzer, als ein Territoriumsbesitzer. Sein Bestreben ist demnach nicht darauf ausgerichtet, möglichst rasch den ihm zugewiesenen Raum zu verlassen und in die Freiheit zu gelangen, sondern es ist vielmehr bemüht, seine Wohnung oder sein Grundstück zu verteidigen und für sich zu behalten (vgl. dazu meine Publikationen).

Es liegt also in Wirklichkeit eine gegensätzliche, eine total verschiedene Situation vor. Der Käfig oder das Gehege bedeutet für das Zootier — gemeint ist hier natürlich immer das nach neuzeitlichen biologischen

Die ersten Schauaquarien, z. B. das Fish House im Londoner Zoo (1853), bestanden lediglich in der Aufreihung einzelner mit Süß- und Seewasser gefüllter kubischer Becken. Filteranlagen zur Regenerierung des Wassers kamen erst sehr viel später dazu. Noch heute findet man in Großaquarien die beiden Methoden Zentralfilter oder Individualfilter verwirklicht.

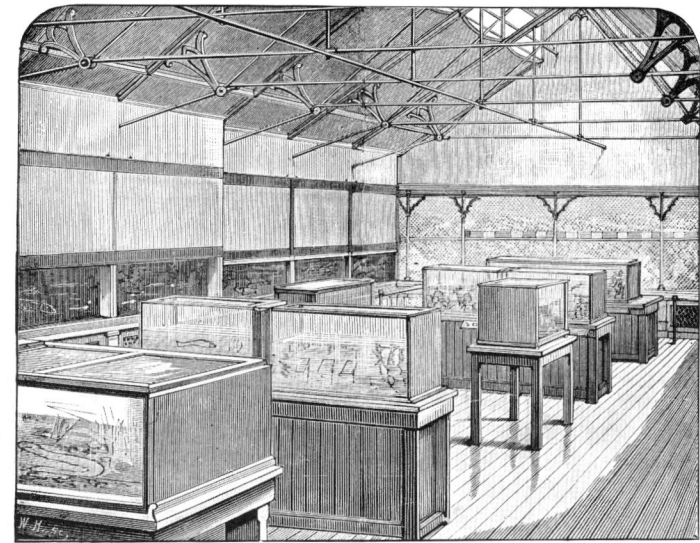

Das Aquarium des Frankfurter Zoos bestand ursprünglich (1858) zunächst gleichfalls aus Einzelbecken, doch standen diese durch entsprechendes Gefälle z. T. miteinander in Verbindung. Mit Hilfe einer einfachen Handpumpe konnte das Wasser wieder in die Höhe gepumpt werden. Heute nehmen die technischen Installationen meist einen größeren Raum als die Schaubecken samt den Publikumshallen ein.

Richtlinien gepflegte Tier — alles andere als ein Gefängnis, nämlich persönlicher Grundbesitz, den es zunächst zu erobern und dann zu behaupten gilt.

Der Begriff des Territoriums ist nicht ganz leicht zu definieren, da es beinahe so viele verschiedene Territoriumstypen wie Tierarten gibt. Gemeinsam ist jedoch allen Territorien — in dem hier verwendeten Sinn — u. a. das Merkmal, daß sie von ihren Besitzern verteidigt werden, und zwar in erster Linie gegenüber ihren eigenen Artgenossen. Man darf daher etwa folgende Formulierung wagen: Das Territorium

Philipp Leopold Martin darf als der erste «Zoo-Designer» gelten. Er veröffentlichte 1878 in Weimar eine mehrbändige «Praxis der Naturgeschichte». Ein Teil davon behandelt «Die botanischen, zoologischen und Akklimatisationsgärten, Menagerien, Aquarien und Terrarien in ihrer gegenwärtigen Entwicklung, nebst Vorschlägen und Entwürfen für die Anlegung von Naturgärten in kleineren Verhältnissen und größeren Centralgärten für Natur- und Völkerkunde».

ist der vom Individuum oder von einer organisierten Vielheit von Individuen (Familie, Herde, Rudel) bewohnte und verteidigte bzw. beanspruchte Raum.
Dabei ist gleich zu betonen, daß der Begriff des Territoriums keineswegs eine Erfindung von Zoodirektoren ist; vielmehr stammt er von Ornithologen, welche durch die Beobachtung freilebender Vögel dazu geführt wurden. Gewöhnlich wird der Engländer H. Eliot Howard als der Entdecker der Vogelterritorien genannt; dieser veröffentlichte 1920 ein grundlegendes Buch über diesen Gegenstand. In Wirklichkeit hat jedoch schon mehr als ein halbes Jahrhundert vorher der westfälische Pfarrer Bernard Altum, der im Nebenamt Ornithologe war, das Wesen des Territoriums in seinem 1868 erschienenen Buch «Der Vogel und sein Leben» klipp und klar umschrieben. Aber dieses interessante Werk fand nicht die Beachtung, die es eigentlich verdient hätte. Es verschwand bald im Schatten des in jener Zeit entstandenen mächtigen und weltberühmt gewordenen «Tierlebens» von Alfred Edmund Brehm.
Im Grunde genommen ist es erstaunlich, wie lange es gedauert hat, bis das Territorium entdeckt wurde, die Tatsache also, daß das sogenannt freilebende Wildtier im Naturzustand gar nicht frei lebt, sondern gewissermaßen eingesperrt in Geländeausschnitte von bestimmter Größe, die eben als Territorien bezeichnet werden. Die «goldene Freiheit» erwies sich als eines der vielen uralten Wunschbilder des Menschen. Weil sie ihm selbst nicht gegeben ist — diese unbeschränkte Freiheit in räumlicher, zeitlicher und persönlicher Beziehung —, stattete er in seiner Phantasie wenigstens die Tiere damit aus.
An diesem Idealbild hielt der Mensch mit unerhörter Zähigkeit fest. Er klammerte sich sozusagen an jene Wunschvorstellung von einem paradiesischen Zustand, in dem die Tiere sich vollkommener Ungebundenheit erfreuen, die Vögel nach Belieben durch den Äther segeln und aus überschäumender Lebenslust singen und jubilieren.
Dieses süßliche Trugbild ist immer wieder von Dichtern besungen worden, und heute noch locken bunte Prospekte moderner Reiseorganisationen zum Besuch sogenannter Tierparadiese, etwa in den Großwildreservaten Afrikas. Indessen dürfen die Freiheit des

Dichters und die kühnen Methoden der Werbung nicht mit den wirklichen Gesetzen des Tierlebens in der freien Natur vermengt werden. Es gehört in der Tat zu den undankbarsten Aufgaben der Verhaltensforschung, der Tierpsychologie und der Tiergartenbiologie, die oft so innige Verflechtung von Dichtung und Wahrheit säuberlich zu trennen.
Der Romantiker Friedrich Hölderlin (1770 bis 1843) hat in seinem Gedicht «An den Äther» die allgemein geltende Vorstellung des europäischen Menschen vom Freileben der Wildtiere in der folgenden Strophe meisterhaft zum Ausdruck gebracht:

> *Aber des Äthers Lieblinge,*
> *   sie, die glücklichen Vögel*
> *Wohnen und spielen vergnügt*
> *   in der ewigen Halle des Vaters!*
> *Raums genug ist für alle.*
> *   Der Pfad ist keinem bezeichnet,*
> *Und es regen sich frei im Hause*
> *   Die Großen und Kleinen.*
> *Über dem Haupte frohlocken sie mir,*
> *   und es sehnt sich auch mein Herz*
> *Wunderbar zu ihnen hinauf.*

In dieser Strophe ist nahezu alles enthalten, was das menschliche Gemüt seit jeher ins Dasein des Tieres hineinprojiziert. Das glückhafte Singen und Fliegen, die absolute Freiheit und Ungebundenheit im unendlichen Raum. Meistens kommt zu diesem menschlichen Sehnen, zu diesen deutlichen Wunschvorstellungen noch eine hinzu; sie gehört mit in den paradiesischen Rahmen, von dem der Mensch so gerne glaubt, daß sich in ihm das Tierleben idyllisch entfalte. Diese zusätzliche Projektion ist die eines hohen Alters.
Der Spuk z. B. von Elefanten, die Jahrhunderte alt werden sollen, ist heute vorbei. Noch nie hat einer nachweislich ein Alter von siebzig Jahren erreicht.
Immer deutlicher hat es sich bestätigt, daß unter den Säugetieren — wenn wir uns einmal so zoologisch ausdrücken dürfen — der Mensch das am längsten lebende ist. Hirsch und Löwe beispielsweise werden etwa zwanzig Jahre alt, Hunde und Katzen nicht einmal ganz soviel, Mäuse und Goldhamster allerhöchstens vier Jahre.

Eine der grundlegenden Ideen Philipp Leopold Martins war die, exotische Tiere in einem architektonischen Rahmen zu präsentieren, welcher weniger dem Biotop als den ethnographischen Besonderheiten ihrer Heimatländer entsprach. So wurden über ein halbes Jahrhundert lang Elefanten in stilisierten Moscheen gehalten, Strauße in ägyptischen Tempeln, Tapire in Verbindung mit aztekischen Bauten usw.

Mit der Untersuchung der Raumbedingungen sind wir nun wiederum beim Territorium, und zwar bei dem der freilebenden Tiere, angelangt; denn dieses allein kann als Maßstab dienen. Wie erwähnt, wurde die wissenschaftliche Welt durch das aufsehenerregende Buch des Ornithologen Howard 1920 auf die Existenz und das Wesen der Territorien bei Vögeln aufmerksam gemacht.

Man darf sagen, daß es sich dabei um eine der bedeutendsten Entdeckungen auf dem Gebiete der Verhaltensforschung gehandelt hat. Mit diesem Buch wurde

Noch heute kann man in einzelnen Zoos Pagoden und anderen in exotischem Stil gehaltenen Bauten begegnen. In Europa wurden viele derartige, von Philipp Leopold Martin angeregte Kuriositäten erst durch den Zweiten Weltkrieg zerstört und dann durch sachlich-zweckmäßige Bauten ersetzt, die den Anforderungen der Tiergartenbiologie entsprechen, z. B. in bezug auf Mäuse- und Rattensicherheit, Ventilation, hygienischen Bodenbelag usw.

vielen Forschern schlagartig die Augen geöffnet für den Sinn unzähliger Verhaltensweisen, denen man bis dahin verständnislos gegenübergestanden hat.

Heute ist die Fachliteratur über die Territorien und das mit ihnen zusammenhängende Verhalten in den verschiedensten Tiergruppen — vom Menschenaffen bis hinunter zu gewissen Insekten, Krebsen und anderen Wirbellosen — kaum mehr zu übersehen. Die Territoriologie stellt heute einen besonderen, rasch wachsenden Seitenzweig der Verhaltensforschung dar, an dem auch die menschliche Psychologie mit steigendem Interesse Anteil nimmt.

Aus diesen Gründen ist es klar, daß es sich hier nur darum handeln kann, die wichtigsten Tatsachen aus dem neuen Wissensgebiet herauszugreifen; aber es erscheint demnach auch gerechtfertigt, dem Territorium in dieser kurzen Abhandlung — wie schon in der Überschrift zum Ausdruck gebracht — eine zentrale Stellung einzuräumen. Wir müssen uns also erneut vor Augen halten, daß die sogenannt freilebenden Tiere sich nicht nach Belieben über die Erdoberfläche oder im Luftraum bewegen dürfen. Vielmehr sind dem einzelnen Individuum oder der Familie oder der Herde in bezug auf die Bewegungsfreiheit enge — oft erstaunlich enge — Grenzen gesetzt. In diesem Zusammenhang läßt sich die Erdoberfläche einem Mosaik vergleichen, in dem jedes Steinchen ein Territorium darstellt, sei es eines Buntbarsches, eines

Der Zürcher Bildhauer und Tierfreund Urs Eggenschwiler (1849–1923) war ein ausgesprochenes Original. Er baute sich nicht nur seinen eigenen kleinen Tierpark auf dem «Milchbuck» in Zürich, in dem er seine vierbeinigen Modelle pflegte, sondern er darf auch als der Erfinder der künstlichen Felsbauten in Zoologischen Gärten gelten, denen weltweite Bedeutung zukam. Unter anderem hat er die imposanten Felsbauten in Hagenbecks Tierpark in Stellingen/Hamburg errichtet. Ein ehemaliger Handwerker von Eggenschwiler, John Hürlimann, erstellte die riesigen Kunstfelsen im Brookfield Zoo, Illinois.

Eidechsen- oder Amselpaares, einer Schwanenfamilie oder einer Affenherde.

Jedes Individuum — gewöhnlich ist das eine Männerangelegenheit — oder jede organisierte Vielheit von Individuen muß zuerst in den Besitz eines genügend großen Territoriums gelangen, durch Kämpfe oder Auftritte. Und dann muß das eroberte Territorium, der beanspruchte Grundbesitz, dauernd behauptet, verteidigt werden, hauptsächlich gegenüber den eigenen Artgenossen. Diese haben ja dieselben Bedürfnisse und Wünsche.

Es ist einleuchtend, daß kleine Tiere mit kleinen Territorien auskommen, große Tiere aber weitläufige benötigen. Grundsätzlich muß ein Territorium so groß sein, daß es seine Bewohner ernährt. Ein Eidechsenpaar kommt mit wenigen Quadratmetern aus, während ein früchtefressendes Affenrudel mehrere Quadratkilometer Urwald braucht, um stets genügend Nahrung zu finden.

Großzügiges Modell von Urs Eggenschwiler für eine Raubtier-, insbesondere Löwen-Freianlage ohne Gitter. Die von Eggenschwiler in den Tiergartenbau eingeführten, von ihm sehr natürlich gestalteten Felsenbauten sollten 35 m hoch werden und auf einer Pattform hundert Zuschauern Platz bieten. Der für Zürich bestimmte Plan aus dem Jahre 1911 wurde aus Finanzgründen nie verwirklicht. Erst im Auftrage von Hagenbeck konnten in Stellingen einige seiner genialen Ideen realisiert werden.

Grundlegend für die richtige Beurteilung des Zootieres ist in diesem Zusammenhang die folgende Überlegung: Im Zoo braucht das Tier nicht Selbstversorger zu sein; der Wärter bringt jedem genügend Futter. Hier kann der Löwe also auf weitläufige Zebra- und Antilopenherden verzichten, und der Bison braucht keine hektarweiten Grasflächen. Aus diesem Grunde können die künstlichen Territorien im Zoo, also die Käfige und Gehege, tausend oder zehntausendmal kleiner sein als die natürlichen Territorien des Freilebens.

Anderseits müssen die Käfige und Gehege aber selbstverständlich groß genug sein, daß ihre Bewohner das ihnen eigene Bewegungsbedürfnis befriedigen können. Und hier kommt die zweite Überraschung: Dieses Bewegungsbedürfnis ist — von wenigen Ausnahmen abgesehen — erstaunlich gering. Im Freien sind es meistens der Hunger oder die Brunst oder drohende Feinde, welche Bewegung auslösen und das Tier unter Umständen zwingen, Ortsveränderungen vorzunehmen. Wo dieser Zwang fehlt, denkt das Tier nicht daran, sich ein Übermaß an Bewegung zu verschaffen, d. h. sich mehr zu bewegen, als nötig ist. Löwen beispielsweise gehören zu den faulsten Tieren, die man sich vorstellen kann. Biologisch ausgedrückt heißt das: Sie haben ein minimes Bewegungsbedürfnis.

Die vier Hauptaufgaben der Zoologischen Gärten

In einem nach wissenschaftlichen, d. h. tiergartenbiologischen Grundsätzen geleiteten Zoo fühlen sich die Tiere keineswegs als Gefangene, sondern im Gegenteil als Grundbesitzer. Das läßt sich genau dadurch beweisen, daß die Tiere im Zoo genau dieselben Methoden der Territoriumsmarkierung, d. h. der Kenntlichmachung ihres Wohnraumes und dessen Verteidigung anwenden wie im Freileben.
Hier ist es leider nicht möglich, diese Territoriumsmarkierung näher zu behandeln; sie bildet ein faszinierendes Kapitel der Tiergartenbiologie, die wir hier nur kurz streifen können. Dieser neue, erst 1942 begründete Zweig der Biowissenschaften beschäftigt sich — auf die kürzeste Formel gebracht — mit allem, was im Zoo von biologischer Bedeutung ist. Die Tiergartenbiologie liefert einerseits die wissenschaftlichen Grundlagen für die optimale und sinngemäße Haltung von Wildtieren im Zoo und erforscht und formuliert anderseits die besonderen biologischen Gesetzmäßigkeiten, die sich aus dieser Tierhaltung für Tier und Mensch ergeben. Die Tiergartenbiologie hat also eine doppelte Aufgabe zu bewältigen, und sie befaßt sich dabei mit biologischen Erscheinungen bei Tier und Mensch, sie ist also ihrem Wesen nach nicht nur eine Disziplin, in der sich verschiedene Grenzgebiete überschneiden, die von der Zoologie bis zur Humanpsychologie, von der Ökologie bis zur Parasitologie reichen, sondern sie stellt sogar ein ausgesprochenes Mischgebiet vieler verschiedener Sektoren der Wissenschaft dar und versucht, diese heterogenen Teile zu einer Synthese zu vereinigen. Dabei spielen

die Bedingungen des Freilebens selbstverständlich eine grundlegende Rolle; denn das ursprüngliche, natürliche Freileben ist der allein geltende Maßstab zur Beurteilung des Lebens im Zoo, wobei allerdings zu sagen ist, daß dieser elementare Maßstab immer mehr Verzerrungen aufzuweisen beginnt, je gröber der Mensch die primäre Natur verunstaltet und durch seine technischen Eingriffe weltweit vergewaltigt.

Immerhin ist das heute tausendfach gesichert, wie in den vorausgegangenen Kapiteln dargestellt, daß das sogenannt freilebende Tier in Wirklichkeit gar nicht frei lebt, sondern, daß es in sein Territorium eingesperrt ist, welches es nicht ohne Not und Risiko verläßt. Das Risiko ist ein zweifaches: Ein leeres Territorium wird leicht von fremden Artgenossen in Besitz genommen, und der Aufenthalt in Nachbarterritorien führt zu schweren Kämpfen, unter Umständen auf Leben und Tod.

Um solche Kämpfe zu verhindern, machen die Tiere ihren Grundbesitz kenntlich, sie markieren ihr Territorium. Dabei werden verschiedene Methoden angewandt: Nasentiere, besonders also makrosmatische Säugetiere, benützen dazu Duftstoffe, bestehend aus Drüsensekreten, Harn oder Kot, andere zeigen optische Signale oder sie senden, wie die meisten Vögel, mit bestimmten Gesangsarten akustische Signale aus. Das tun sie nun nicht nur im Freien, sondern in genau gleicher Weise auch im Zoo, wenn sie sich einmal darin eingewöhnt haben. Aus diesem Grunde dürfen wir die Käfige und Gehege im Zoo als verkleinerte, künstliche Territorien bezeichnen, deren Bewohner als Grundbesitzer, die ihren Raum verteidigen und sich keineswegs als Gefangene fühlen. Auf viele weitere Argumente müssen wir hier verzichten.

Ein Zoo ist aber nicht nur ein Mosaik, bestehend aus vielen verschiedenen Tierterritorien, sondern er bildet heutzutage auch einen notwendigen Bestandteil des menschlichen Lebensraumes, des Großstadtbiotopes. Das führt uns bereits zur ersten der vier Hauptaufgaben der Zoologischen Gärten, die wir jetzt kurz betrachten wollen.

Die erste und vornehmste Aufgabe eines Zoologischen Gartens oder Tierparkes — ich betone Garten oder Park — besteht darin, einem breiten Publikum,

In den Straßenschluchten der Großstädte führen Menschen ein termitenhaftes Leben in den Abgasen der Autos – völlig abgeschlossen von der Natur, von lebenden Pflanzen und Tieren. Die Zoos stellen sekundäre Naturstätten dar, wo die Großstadtbewohner sich erholen und ihren Naturhunger stillen können.

vor allen Dingen den Großstadtbewohnern, als Erholungsraum zu dienen. Um das zu verstehen, brauchen wir uns nur in den Metropolen der Welt umzusehen, wo Millionen von Menschen in krebsartig wuchernden Betonburgen von der Natur so gut wie vollkommen abgeschnitten sind und kein lebendes Tier, keine grüne Pflanze mehr zu sehen bekommen. Nur die großen Küchenschaben, die gegenüber den Insektiziden resistent geworden sind, finden gelegentlich noch den Weg über die Müllschächte bis in die höchsten Etagen der Wolkenkratzer, wo auch Hund und Katze längst ausgestorben sind.

Der Mensch ist nicht geschaffen für ein termitenhaftes Leben in diesen klimatisierten Betonklötzen und den engen, schmutzigen, lärmigen Schluchten, die dazwischen ausgespart sind, sondern in ihm steckt ein erhebliches Maß an Naturhunger, der nach Befriedigung schreit. Dieses starke Bedürfnis nach Naturkontakt ist nicht leicht zu nehmen; es kann zu psychischen Mangelerscheinungen führen, die sich nicht mit Pillen oder medizinischen Eingriffen beheben lassen.

Aufgrund von zahlreichen Augenzeugenberichten hat Martin S. Garretson diese Zeichnung einer riesigen Herde wandernder Bisons angefertigt und in seiner von der New York Zoological Society herausgegebenen Monographie «The American Bison» (1938) veröffentlicht. Der unvorstellbare Massenmord war nicht so sehr gegen die Tiere gerichtet, sondern man wollte damit die Prärie-Indianer treffen, deren Lebensgrundlage der Bison seit Jahrtausenden gebildet hat.

Eine verheerende Beschleunigung des Massenabschusses brachte der Bau der Kansas-Pacific-Eisenbahn. Sie veranstaltete Extrafahrten zur Vernichtung der Bisons, wie diese Zeichnung von Garretson zeigt. An eine vernünftige Verwertung der Unmengen von Kadavern war nicht mehr zu denken. Aber in manchen Gegenden lagen die ausgebleichten Skelette so dicht, daß es sich lohnte, sie im Tagbau abzutragen und als Dünger zu verarbeiten. – Es war ein Zoo-Direktor, Dr. William Hornaday vom Bronx-Zoo in New York, der in letzter Minute die aufs höchste bedrohte Art zu retten vermochte.

Kriminalität, Drogensucht und andere bedenkliche Abweichungen vom gesunden Verhalten blühen nicht in ländlichen Gegenden, sondern in den von der Natur abgekapselten Zentren größter Wohndichten. Damit soll nur in aller Kürze angedeutet sein, daß Zoos heutzutage gewiß kein Luxus mehr sind, wie sie es früher waren, als sich diese oder jene Stadt einen Zoo geleistet hat. Heute ist ein Zoo für jede große Stadt ein Muß. Zoologische Gärten sind heutzutage richtige — und oft die einzigen — Brücken zur Natur oder mindestens zu sekundären Naturstätten. Sie stehen sozusagen im Dienste der Psychohygiene des strapazierten Großstadtmenschen.

Demselben Zweck dienen seit langem auch die öffentlichen Parkanlagen, die berühmten «Lungen der Großstadt»; aber diese genügen in vielen Fällen längst nicht mehr, sie sind zum Teil auch mehr zu Austobestellen oder zu Tummelplätzen zweifelhafter Elemente geworden. Vor allem fehlen darin auch Tiere, nach denen viele Großstadtmenschen sich sehnen, oder es mußte — wie z. B. in New York und anderen amerikanischen Städten — das so beliebte Füttern der Tauben aus hygienischen Gründen verboten werden; denn diese Stadttauben können Träger und Überträger der gefährlichen Ornithose sein. Auch die Eichhörnchen sind nicht immer völlig harmlos.

Im Zoo mit seinem reichhaltigen Tierbestand kommt der naturhungrige Stadtmensch eher auf seine Rechnung, sofern die Tiere in natürlichen Biotopausschnitten in guten Territorien und im natürlichen Familienverband gezeigt werden. Der heutige Zoobesucher wünscht nicht nur, durch einen schönen Park zu wandern, sondern er will auch glückliche Tiere in ihrer natürlichen Umgebung und in harmonischer Gesellschaft ihrer Artgenossen und Symbiosepartner sehen.

Im Gegensatz zu den altmodischen Gittermenagerien mit ihren neurotischen Einzeltieren sind die neuzeitlichen Zoos mit den viel natürlicher und im normalen Sozialverband gehaltenen Tieren weitgehend in der Lage, diesen berechtigten Wünschen und Bedürfnissen zu entsprechen.

Wir kommen zur zweiten Hauptaufgabe der Zoos. Mit dem Stillen des Naturhungers der Besucher ist es nicht getan, obgleich das von enormer Bedeutung ist.

Alte Darstellung einer Walroßjagd. Diese mächtige Robbenart (Odobenus rosmarus) des Nordens wird von jeher durch die Speck- und Elfenbeinjäger gefährdet, nicht etwa durch die Zoologischen Gärten. Dasselbe gilt für viele andere Arten, z. B. Wale. Oft ist es auch die Mode, welche Tierarten zum Verhängnis wird, wie z. B. den Paradiesvögeln, Krokodilen, Schlangen, Echsen, Leoparden usw.

Es muß auch ein optimales Maß an Information, an volkstümlicher Naturkunde vermittelt werden; denn das naturkundliche Wissen unserer Zeitgenossen hinkt ihrem technischen Wissen in verhängnisvoller Weise nach. Das ist heute um so bedauerlicher, als jedem Bürger klargemacht werden sollte, daß die rasende Entwicklung der Technik und die damit zwangsläufig gekoppelte Zerstörung der Natur

schließlich eine Gefährdung bzw. Zerstörung der Menschheit bedeutet.
Wählen wir ein einziges Beispiel: Seit Generationen ist uns Europäern eingehämmert worden, daß der europäische Fischotter der schlimmste Feind der Fischerei sei. Also wurden in vielen Ländern, auch in der Schweiz, Vernichtungsprämien von Staates wegen ausgesetzt. Man wurde aufgefordert, die Fischotter

Während früher eine zentrale Lage des Zoos, also mitten in der Stadt, als wichtig galt, wird heute eine Situation außerhalb der Stadt eindeutig bevorzugt. Wichtig sind heute vor allem großzügige Parkplätze, wie z. B. in Madrid.

mit allen Mitteln auszutilgen, durch Abschuß, Vergiftung, mit grausamen Fallen, durch Ausgraben der Jungen usw.

Das ist denn auch weitgehend gelungen. In der Schweiz ist der Fischotter etwa seit 1950 völlig ausgerottet, in ganz Europa ist er selten geworden, so daß es uns im Zürcher Zoo seit der Fertigstellung unserer Fischotter-Zuchtanlage im Jahre 1970 trotz allen Bemühungen nicht gelungen ist, sie voll zu besetzen und die Art zu züchten.

Unterdessen verenden in unseren Seen Tonnen kranker Fische und beschleunigen die ohnehin beängstigende Wasserverschmutzung. Man wußte damals nicht, daß der Fischotter in Wirklichkeit nicht ein Feind, sondern ein wertvoller Förderer gesunder Fischbestände ist. Er tilgt gefährliche Infektionsherde aus, indem er zuerst die kranken, die parasitierten, also die am Schwimmen behinderten Fische verzehrt und dadurch zur Gesunderhaltung des Gesamtbestandes beiträgt. Einfache Kopfrechnung: Noch vor weniger als hundert Jahren gab es z. B. in der Schweiz eindeutig sehr viel mehr Fischotter — aber auch sehr viel mehr gute Speisefische.

Wissenschaftliche Forschungsarbeit gehört heute unbedingt mit in den Aufgabenkreis der Zoos. Im Zürcher Zoo hat Eva Fasnacht 1974 in einer Diplomarbeit nachgewiesen, daß die Spitzmaulnashörner (Diceros bicornis) ein sehr viel besseres Sehvermögen und ein erstaunliches visuelles Lernvermögen aufweisen. Seit Aristoteles hielt man diese Tiere durchweg für kurzsichtig und stumpfsinnig – zu unrecht.

Zu den wichtigsten Elementen der Information gehören die an jedem Tierraum anzubringenden Namenschilder, welche das Wesentlichste über Namen, Aussehen, Herkunft und Lebensweise aussagen. Diese primäre Information wird ergänzt durch illustrierte Zoo-Führer, weitere Literatur, Führungen, Vorträge usw. und vor allem auch durch die Tätigkeit von betriebseigenen Zoo-Lehrern.

Nicht die Fischotter, sondern die Menschen haben unsere Fischbestände und die Reinheit unserer Gewässer vernichtet durch die sinnlose und geschmacklose Kanalisation unserer Bäche und Flüsse, durch die Verbauung der natürlichen Ufer und vor allem durch die hemmungslose Verschmutzung mit Abwässern, die letztlich die Trinkwasserversorgung des Menschen in Frage stellt.

Eine Wiedereinführung des Fischotters in den heute leergeschossenen Gebieten kann meines Erachtens erst nach sorgfältiger und gründlicher Aufklärung des Publikums in Frage kommen. Zu dieser Aufklärung können die Zoos beitragen, die Lehrer, welche den Zoo besuchen und die Namenschilder, Führer, Jahresberichte und anderen Informationsmittel studieren, und vor allem auch die junge Generation, welche den Zoo im Rahmen des Naturkundeunterrichts klassenweise mit ihren Lehrern besucht.

Ähnlich wie mit dem Fischotter verhält es sich mit dem Biber, der früher in Europa weitverbreitet war und heute nur noch in kleinen Rückzugsgebieten in der Rhone und der Elbe sowie in Skandinavien existiert. Auch er galt lange Zeit als schädlicher Fischfresser; in Wirklichkeit ist er ein reiner Vegetarier. Seine Drüsen, die Castoreum-Drüsen, enthielten aufgrund eines uralten Aberglaubens einen kostbaren Heilstoff. Also wurde er deswegen völlig sinnlos umgebracht und in weiten Gebieten ganz ausgerottet. Auch hier gilt es, durch sachliche Information im Zoo dem Aberglauben entgegenzutreten.

Der Kongo-Pfau (Afropavo congensis), erst 1936 entdeckt, ist nur einer von zahlreichen Vögeln, die Charles Cordier – meist im Auftrage der New York Zoological Society – als erster in einen Zoo gebracht und damit genauer wissenschaftlicher Beobachtung zugänglich gemacht hat (1949). Weitere derartige Kostbarkeiten, die er in den Bronx-Zoo in New York gebracht hat, sogenannte First timer, sind z. B. der Schirmvogel (Cephalopterus ornatus) von den westlichen Anden, der Türkishäher (Cyanolyca viridicyana) von Ekuador und viele andere.

Nicht nur kleineren Tieren wird der Aberglaube immer wieder zum Verhängnis, wie z. B. Schlangen und Fledermäusen, sondern auch den größten Geschöpfen der Erde, z. B. den Nashörnern.

Das Gewicht ihrer Hörner wird immer noch mit Gold aufgewogen, zum Teil sogar mit dem doppelten Gewicht an Gold. Wenn es daher einem einfachen Inder oder Afrikaner gelingt, ein Nashorn zu wildern und dessen Stirnaufsatz zu vergolden, dann ist er für den Rest seines Lebens aller materiellen Sorgen enthoben. Die Nachfrage aus dem fernen Osten nach diesem Material ist immer noch ungeheuer und bildet einen unwiderstehlichen Anreiz für Wilderer. Und warum diese unersättliche Nachfrage? Wegen eines reinen Aberglaubens.

Besonders die Chinesen glauben immer noch, daß man aus dieser Hornsubstanz ein wirksames Verjüngungsmittel, ein Aphrodisiakum, für alternde Männer herstellen könne.

Die moderne pharmazeutische Industrie hat sich natürlich auch schon für dieses vermeintliche Wunder-

Der Schweizer Charles Cordier ist einer der letzten berufsmäßigen Tierfänger, hier mit einem Riesenschuppentier (Manis gigantea) in seinem Fanglager im Kongo 1948. Eigentlich müßte Cordier als ein Künstler des Tierfanges bezeichnet werden, denn für jede Art, besonders für seltene Vögel, hat er jeweils an Ort und Stelle aufgrund genauer Beobachtung und biologischer Intuition eine spezielle und schonende Fangmethode entwickelt, die stets zum Erfolg geführt hat.

mittel interessiert und festgestellt, daß kein wahres Wort an dieser Sache ist. Es gilt also, durch Aufklärung den verhängnisvollen Aberglauben zu bekämpfen, dem besonders die drei asiatischen Nashornarten zum Opfer fallen, aber auch viele Exemplare der beiden afrikanischen Arten.

Die eben erwähnten Nashornschicksale führen uns direkt zur Betrachtung der dritten Hauptaufgabe der Zoologischen Gärten der Welt: Sie haben auch dem

Während der Großtierhandel zum Glück immer mehr unter internationale Kontrolle gerät, treibt der Handel mit Kleintieren manchenorts noch üble Blüten: Malaiische Eichhörnchen, die auf dem Sonntagsmarkt in Bangkok feilgeboten werden. Ihnen wurden mit einer Nagelklemme die Nagezähne abgezwickt, so daß sie nicht mehr beißen und sich nur noch von Bananen ernähren können.

Selbst Gibbons wurden auf dem wöchentlich stattfindenden Tiermarkt in Bangkok feilgeboten – neben Kampffischen und Kampfhähnen und allem, was der umgebende Wald hergibt, von der Schnecke bis zum Beo, von der Schlange bis zum Bären. – Der unbeaufsichtige Kleintierhandel fordert noch viele Opfer, nicht nur im Fernen Osten und in anderen Tropenländern, sondern auch in den Großstädten Europas und Amerikas, wo der Import durch die Pet-Shops blüht.

Naturschutz im weitesten Sinne zu dienen, nicht nur durch Aufklärung und naturkundliche Belehrung weitester Kreise, sondern auch durch Werbung, Werbung für das Tier und seinen Lebensraum. Es gibt wohl kein wirksameres Werbemittel für Tier- und Naturschutz als das lebende Tier selber. Niemand setzt sich gerne für etwas ein, das er nicht kennt. Diese notwendige Kenntnis, dieses Bekannt- und Vertrautmachen des Menschen mit dem Tier, ist eine unschätzbare Leistung der Zoos. Wer würde sich um den Schutz der Menschenaffen, der Tiger und der Krokodile kümmern, wenn die Zoos nicht den direkten Kontakt mit lebenden Vertretern der bedrohten Arten schaffen würden?

Das Pakarana (Dinomys branickii), ein südamerikanisches Nagetier von Murmeltiergröße, war nach seiner Entdeckung 1873 während einiger Jahre verschollen und galt auch in Museen als bedeutende Rarität. Heute ist die interessante Art mehrfach gezüchtet worden, erstmals 1962 im Zoo von São Paulo, 1971 im Zürcher Zoo usw.

Der Erfolg der internationalen Schutzorganisationen, wie z. B. des WWF, wäre zweifellos wesentlich geringer, wenn die zum Spenden aufgerufenen Mitmenschen nicht immer wieder die Tiere vor Augen hätten, denen es in der gefährlichen Freiheit dringend zu helfen gilt.

Die Zoos sind die sensibelsten Instrumente, welche das Seltenwerden einer Tierart feststellen. Lange bevor der Rückgang einer Art durch Statistiken aufgrund von Bestandesaufnahmen, Abschußzahlen und Exportziffern aus den Ursprungsländern, Zollunterlagen usw. ersichtlich wird, spürt man das im Zoo zunächst anhand des massiven Preisanstieges und zweitens an den rasch zunehmenden Beschaffungsschwierigkeiten.

So hatten wir 1970 im Zürcher Zoo trotz hohen Preisangeboten unerhörte Schwierigkeiten mit der Beschaffung europäischer Fischotter; dies zu einer Zeit, als der Fischotter z. B. in England offiziell noch als «nicht selten» und daher auch nicht als schützens-

Mindoro-Büffel oder Tamarau (Bubalus arnee mindorensis). Dieses von mir 1964 im Zoo von Manila aufgenommene Exemplar ist höchstwahrscheinlich immer noch das einzige, das je in einen Zoo gelangt ist. Unterdessen wird dieses seltenste Wildrind der Erde in seinen letzten Rückzugsgebieten auf Mindoro gewildert. 1947 sandte der damalige Präsident der Philippinischen Republik, Manuel A. Roxas, einen Tamarau als ein Geschenk seines Volkes an den Zoo in San Francisco. Das kostbare Tier hat diesen leider nie erreicht: es mußte vor der Einfahrt in den Hafen aus seuchenpolizeilichen Gründen geschlachtet und vernichtet werden.

Tasmanischer Beutelwolf (Thylacinus cynocephalus), ein Verwandter des Kängeruhs, das größte fleischfressende Beuteltier, war zu Beginn des Jahrhunderts noch in verschiedenen Zoos der Alten und der Neuen Welt zu sehen. Die Abbildung stammt aus der 10. Auflage des offiziellen Führers durch den New York Zoological Park (1909). Seither ist die hochinteressante Tierart, deren Weibchen einen nach hinten geöffneten Beutel haben, wahrscheinlich völlig ausgerottet worden, weil sie in Tasmanien angeblich ein Schädling der Schafzucht war.

Schlafende Capybaras (Hydrochoerus hydrochaeris). Mutter mit zwei Jungen. Capybaras sind die größten heute existierenden Nagetiere und vermögen ein Gewicht bis 50 Kilogramm zu erreichen. Früher galten schlafende Tiere im Zoo meist als langweilig und wurden von unverständigen Besuchern oft aufgeschreckt. Heute hingegen gehört die Beobachtung der Schlafgewohnheiten von Zootieren in den Aufgabenkreis der Verhaltensforscher. Im Freien kriegt man schlafende Wildtiere kaum je zu Gesicht.

wert galt. Entsprechend verhält es sich mit vielen anderen Tiere, vom madagassischen Lemuren bis zum sibirischen Tiger und von der Krustenechse bis zum Eisbären.

Man hat den Zoos oft vorgeworfen, daß sie durch den Tierfang zur Vernichtung gewisser Tierarten beigetragen haben. Ich könnte dafür kein einziges Beispiel anführen, doch kann einzelnen Museen dieser Vorwurf nicht erspart werden. Im Museum gibt es keine Fortpflanzung, hingegen werden die Zoos immer mehr Selbstversorger. Es vergeht kein Jahr, ohne daß erstmalige Zuchterfolge aus aller Welt gemeldet werden. Die heute noch tätigen berufsmäßigen Großtierfänger lassen sich an den Fingern einer Hand aufzählen.

Immer häufiger werden Zoos heute aufgefordert, die letzten überlebenden bedrohten Tierarten sozusagen in Schutzhaft zu nehmen, ihnen ein sicheres Asyl zu bieten, weil sie in der «goldenen Freiheit» ihres Lebens nicht mehr sicher sind, es sei z. B. an die arabische Oryxantilope oder an das Javanashorn erinnert. Verantwortungsbewußte Zoodirektoren, die größtenteils im internationalen Verband zusammengeschlossen sind, haben es abgelehnt, illegal erworbene Orang

Junge Arabische Oryx, 1968 im Zoo Los Angeles geboren. Im Gegensatz zu einer weitverbreiteten Meinung tragen die Zoologischen Gärten keineswegs zur Ausrottung, sondern im Gegenteil zur Rettung gefährdeter Tierarten bei, indem sie ihnen sichere Asyle gewähren und letzte Restbestände wieder hochbringen. Auch der amerikanische Bison ist ein Beispiel dafür.

Utans z. B. in Singapur anzukaufen, obgleich einem die unter miserablen Bedingungen gehaltenen Jungtiere leid tun konnten. Aber deren Übernahme in seriöse Zoos hätte sich nur als Anreiz für den Fang weiterer Jungtiere und den Abschuß ihrer Eltern ausgewirkt.

Der Asylcharakter, die Bedeutung als Zuchtstätten und als Reservoire für die Wiedereinbürgerung von partiell ausgerotteten Arten gehören zu den immer stärker hervortretenden Wesenszügen der modernen Zoos. Selbst die kleine Schweiz bietet solche Beispiele: Das heute in den Alpen wieder zu mehreren

Arabische Oryx (Oryx gazella leucoryx) oder Weiße Oryx. Beispiel einer Tierart, die im Freien vom Auto und sogar vom Flugzeug aus bis auf kleinste Restbestände gejagt und beinahe ausgerottet wurde. 1962 wurden einige der letzten Exemplare nach Arizona gebracht, wo sie ähnliche klimatische Bedingungen wie in ihrer Heimat Arabien vorfanden. Dies gewährleistete den Fortbestand der seltenen Tierart.

«Weißer» Tiger, eine in bezug auf Naturschutz völlig unwichtige Mutante, die Liebhaberpreise bis zu 35 000 Dollar erreicht hat. Noch immer besteht in einzelnen Zoos der Ehrgeiz, besonders ausgefallene Tierformen zu zeigen, wie z. B. auch Albinos, wodurch zur Arterhaltung nichts Positives beigetragen wird.

Tausenden vorkommende Steinwild ist das Ergebnis zäher, aber schließlich erfolgreicher Wiedereinbürgerungsaktionen. Auch Luchs und Biber, die bei uns völlig ausgerottet waren, konnten in der Schweiz wieder angesiedelt werden. Von den im Zoo gezüchteten Uhus, der größten einheimischen Eulenart, haben schon mehrere nach sorgfältiger Umgewöhnung den Weg in die freie Natur zurückgefunden.

Entsprechendes gilt von vielen exotischen Großtieren, etwa vom Spitzmaulnashorn im Kagera-Nationalpark oder von der Hirschziegenantilope in Pakistan, die aus den USA wieder eingeführt wurde.

Um eine Tierart zu schützen, zu retten, bedarf es selbstverständlich eines präzisen Wissens. Ohne Tier- und Naturkenntnis kann es keinen Tier- und Naturschutz geben. Den Zoos kommt daher auch die überaus wichtige Aufgabe zu — *last but not least* die vierte Hauptaufgabe —, sich an der Forschung zu beteiligen. Es geht heute nicht mehr an, Tiere nur um der Schaulust des Publikums willen der Freiheit zu entziehen, sondern sie müssen auch Gegenstand der For-

Der Schimpanse «Ham» ist als erster «Chimpanaut» weltberühmt geworden und befindet sich jetzt sozusagen im Ruhestand im amerikanischen Nationalzoo in Washington D. C. Vor jedem Menschen hat Ham am 31. Januar 1961 den Weltraum bereist, indem er von Cape Kennedy aus zu einem 16 Minuten dauernden Raumflug startete, der ihn in eine Höhe von 155 Meilen und während 4½ Minuten in einen schwerelosen Zustand brachte. Erst nach ihm wagten sich auch Menschen in den Weltraum.

schung, insbesondere auf dem Gebiet der Zoologie, Ökologie, Psychologie, Physiologie, Parasitologie, Pathologie usw. sein, kurz Gegenstand der Tiergartenbiologie.

Der Tierbestand eines Zoos stellt ein buchstäblich unerschöpfliches Feld an Forschungsmöglichkeiten dar. Es läßt sich sagen, daß nahezu jedes Gehege reichlich Stoff für neue wissenschaftliche Untersuchungen bietet. Im Zürcher Zoo sind seit Jahren zoologische Diplomarbeiten und Dissertationen im Gang. Die Fülle der Beobachtungs- und Untersuchungsmöglichkeiten, namentlich auf dem Gebiete des Verhaltens, ist wahrhaft unbeschränkt.

In vielen anderen Zoos gilt diese wissenschaftliche Auswertung des Tierbestandes — und darüber hinaus die Bearbeitung der toten Tiere — als Selbstverständlichkeit. Leider gibt es anderseits immer noch einige sogenannte Zoos, selbst in großen Weltstätten, die in wissenschaftlicher Beziehung nahezu steril sind, die also — trotz eines vielleicht modernen Aussehens — ihrem Wesen nach noch auf der Stufe der Menagerie stehen.

Nicht immer, aber oft ist diese Situation durch die Finanzlage bestimmt. Ein Zoo kann jedoch heutzutage kein Geschäft mehr sein, schon deswegen, weil das lebende Tier keine Ware mehr ist, sondern etwas sehr viel Wertvolleres, nämlich eine kostbare Leihgabe der Natur. Ein Zoo, wenn er überhaupt diesen Namen tragen will, muß heutzutage eine kulturelle Institution sein.

Am bescheidenen Käfig des Chimpanauten «Ham» im Zoo von Washington D. C. erinnert eine Anschrift an seine unfreiwillige Rekordleistung, den ersten Flug ins Weltall. Seine Ausbildung bzw. Dressur erhielt Ham im Aeromedical Research Laboratory der berühmten Holloman Air Force Base in New Mexico. – Nicht nur im Weltraum, sondern auch auf dem Operationstisch, im Strahlenversuch usw. sind Schimpansen unsere Pioniere.

Fütterungsprobleme

Das nur in den Urwäldern von Zaire vorkommende Okapi (Okapia johnstoni) hat in den Zoologischen Gärten der Welt noch nicht endgültig Fuß gefaßt. Bei dieser Art bleibt man noch auf Nachschub angewiesen, um die Zuchtbasis zu verbreitern. Unterdessen wird das Tier besonders von den Pygmäen weiterhin bejagt und gegessen.

Für das Wohlbefinden der Zootiere, so wie es von der Tiergartenbiologie angestrebt wird, ist vor allen Dingen dreierlei von Bedeutung, nämlich der Raum, das Futter und die Beziehung zum Menschen. Vom Raum war schon kurz die Rede, mit dem Futter werden wir uns jetzt auseinandersetzen, und der Tier-Mensch-Beziehung ist das nächste Kapitel gewidmet. Die Betrachtung der Raumfrage zeigte uns die Entwicklung vom engen, kahlen, eisenstangenstarrenden Zwinger zum Territorium, d. h. zu einem verkleinerten, aber alle wesentlichen Einzelheiten des natürlichen Lebensraumes enthaltenden Raum-Stück. Es wird also eine möglichst natürliche, die Bedürfnisse des Tieres ebenso wie die Ansprüche des Publikums befriedigende Lösung angestrebt, wobei dem Gartencharakter der Anlagen, d. h. der Vegetation, eine ganz besondere Bedeutung zukommt.

Der Besucher möchte sich in angenehmer Umgebung, im Grünen, ergehen, und das Tier soll sich nicht in einem «nackten Käfig», sondern, wenn irgend möglich, zwischen lebenden Pflanzen präsentieren. Ich betone: zwischen lebenden Pflanzen, also nicht in einem Plastikdschungel, wie ihm das gelegentlich zugemutet wird. Die Pflanze im Zoo ist nämlich mehr als nur Dekoration; sie ist auch ein wichtiger Klimaanzeiger, der z. B. über Licht- und Feuchtigkeitsverhältnisse laufend Auskunft gibt, dem Tier aber auch sonst auf mannigfache Weise dient, z. B. um sein Markierungssekret daran anzubringen, um seine Krallen daran zu wetzen, daraufzuklettern, auf einem Ast zu liegen, als Deckung usw.

Auch viele Huftiere brauchen ihr tägliches Bad, vor allen natürlich die sozusagen amphibisch lebenden Wasserbüffel, diese wertvollen Haustiere der reisproduzierenden Länder. Hier werden Wasserbüffel auf den Philippinen von ihrem Pfleger mit einem Grasbüschel abgerieben.

Die Wünschbarkeit, ja die Notwendigkeit der möglichst natürlichen, d. h. territoriumsgemäßen Raumausstattung wird heute kaum mehr bezweifelt.

Niemandem würde es einfallen, Zebras in Pferdeboxen auszustellen, Antilopen und Giraffen in Kuhställen, Fasane und Papageien in Legebatterien usw. Hier wird ganz selbstverständlich anerkannt, daß wir es grundsätzlich mit zwei ganz verschiedenen Kategorien von Tieren zu tun haben, nämlich mit Wildtieren einerseits und mit Haustieren anderseits.

In der Tat sind das zwei völlig verschiedene Gruppen: Wildtiere sind solche, die ohne Dazutun des Menschen, Jahrmillionen vor seinem Erscheinen, in der freien Natur entstanden sind; es sind die primären Tiere.

Haustiere hingegen sind durchweg sekundäre, d. h. vom Menschen durch bestimmte Zuchtmanipulationen während vieler Generationen aus Wildtieren geschaffene Tiere. Es sind anthropogene Geschöpfe, die als Arbeitsgehilfen, vor allem aber als Fleisch-, Milch- und Eierlieferanten in den Dienst des Menschen gezwungen und immer mehr der Natur entfremdet wurden.

Milchkühe, Mastschweine, Wollschafe, Legehennen, Gänse usw. sind zu schauerlichen Zerrbildern ihrer wilden Ahnen geworden, zu raschwüchsigen, kurzlebigen Eiweißproduktionsautomaten, die Kuh mit einem ungeheuer entwickelten Euter, das Huhn mit einem geradezu krankhaft gesteigerten Eierstock usw. Die vom Menschen organisierte Nutztierzucht, die Domestikation mit fortlaufender Leistungssteigerung, führt die betroffenen Tiere immer mehr vom Zustand ihrer Ahnen weg, entfremdet sie immer mehr der Natur und macht sie zu abstrakten, vom Menschen umgeformten Geschöpfen, die im Freien nicht mehr existenzfähig wären. Die Milchkuh ist darauf angewiesen, daß ihr übermäßig entwickeltes Euter vom Menschen zweimal täglich entleert wird, ein Mastschwein ist nicht mehr in der Lage, vor einem Feind zu flüchten, ebensowenig die fette Gans, die längst ihr Flugvermögen eingebüßt hat.

Der Nutztierzüchter muß darauf aus sein, in immer kürzerer Zeit auf kleinstem Raum mit geringstem Futter- und Arbeitsaufwand ein Maximum an Protein und Fett zu produzieren. Er sieht den Idealzustand in der völlig automatisierten, elektronisch gesteuerten Farm, wo vom Schaltpult aus das Futter zu- und der Mist abgeführt wird, die Melkmaschinen und die Fließbänder in Gang gesetzt werden, die Hühnereier in die Verpackungsabteilung befördern, usw.

Diese industrielle Tierhaltung hat in letzter Zeit Formen angenommen, welche nicht nur Tierfreunden mit gesundem Empfinden, sondern auch maßgebenden Biologen und Tierärzten als schlechthin unverantwortlich erscheinen. Die Legebatterien und andere Formen der industriellen Tierhaltung sind daher von Nobelpreisträger Konrad Lorenz mit Recht als eine Kulturschande bezeichnet worden.

Es leuchtet ein, daß man es bei der Haltung von Wildtieren im Zoo mit etwas grundsätzlich anderem zu tun hat: nicht mit Nutztieren, die zu immer höherer Produktion gebracht werden müssen, sondern mit Wildtieren, die wir in möglichst natürlicher Umgebung in möglichst ursprünglichem Zustand erhalten sollen.

Wir müssen also mit anderen Worten alle Zootiere so wirksam als nur möglich vor Domestikationseinflüssen abschirmen. Das Wildtier soll in seiner Gestalt, in

Der Schuhschnabel, Abu Markub (Balaeniceps rex), gehört einstweilen noch zu den immer seltener werdenden Tierarten, die bisher in Zoos nicht gezüchtet werden konnten. Jedes Jahr kommt es zu erstmaligen Zuchterfolgen. Sicherlich wird ein solcher auch einmal von diesem aus den riesigen Papyrussümpfen des Nil- und Kongogebietes stammenden Vogel zu berichten sein. Das Bild ist gleichzeitig ein Beispiel für eine biotopgerechte Gehegeausstattung, auch wenn es sich nicht gerade um Papyrus handelt. Der Vogel kann selber seine Lieblingsstandorte auswählen – wie im Freien.

seiner Physiologie und besonders auch in bezug auf sein Verhalten unverändert in die Gegenwart übernommen und in die Zukunft geführt werden, damit sich auch kommende Menschengenerationen an ihm freuen können.

Insofern ist es nicht ganz abwegig, die Zoos als Verhaltensmuseen zu bezeichnen, eben weil wir auch das Verhalten der Wildtiere rein erhalten wollen. Deswegen suchen wir die in der Nutztierzucht gebräuchlichen Methoden, wie Mast, Kastration, künstliche Besamung, künstliche Jungenaufzucht, Veränderung der Tageslichtdauer, Herabsetzung der Aktivität, Verkürzung der Laktation usw., aus dem Zoo fernzuhalten.

Wir wollen keine Schimpansenfabriken, sondern Tiere im natürlichen Familienverband mit normalem

Auch der Flamingo (Phoenicopterus) gehörte bis 1937 zu den in menschlicher Obhut nicht gezüchteten Arten, obgleich dieser populäre Vogel fast in jedem Zoo zu sehen war. Das erste Küken schlüpfte in der künstlichen Kolonie, die an einem künstlichen See innerhalb der Pferderennbahn von Hialeah (Florida) angesiedelt war. 1956 gelang dem Zoo San Antonio (Texas) als erstem, Flamingos zu züchten, und heute weist fast jeder Zoo Zuchterfolge auf. (Gruppe aus dem Zürcher Zoo, im Vordergrund Nest mit Ei.)

Fortpflanzungsverhalten und ungestörter Jungenaufzucht bis zum artspezifischen Alterstod.

Der hier in aller Kürze dargestellte Sachverhalt ist gewiß einleuchtend und wird in Zookreisen in der Regel auch allgemein akzeptiert. Um so merkwürdiger aber ist es, daß bei der notwendigen Abwehr aller Domestikationswirkungen eine Hintertür zuweilen offenbleibt: die für das Futter. In einigen Zoos werden Fütterungsmethoden aus der Nutztierzucht angewandt, ja sogar manchmal als die einzig richtigen angepriesen.

Besonders im Zoo von Philadelphia wurde eine seinerzeit völlig neue Fütterungslehre aufgestellt bzw. aus der Nutztierzucht übernommen und als die einzig richtige empfohlen. Sie wurde daher von einigen Zoos in Amerika und Europa nachgeahmt, ist aber in Philadelphia selber bezeichnenderweise seit einigen Jahren bereits wieder aufgegeben worden, nachdem ihr Begründer, Dr. H. L. Ratcliffe, seines Zeichens Pathologe, zurückgetreten ist.

Dieser «Ernährungsreformer» hat sich darüber aufgehalten, daß man im Zoo bisher Fleisch, Fische, Rüben, Obst, Kartoffeln, Heu, Milch, Brot, Honig und alle diejenigen Stoffe verwendete, die sich normalerweise in den Futterräumen der Zoos finden. Statt dessen erfand er die sogenannten «physiologisch vollkommenen Rationen», d. h. einen nach rein haustierphysiologischen Gesichtspunkten zusammengestellten Teig für jede der drei von ihm unterschiedenen Kategorien von Zootieren, nämlich Allesfresser, Pflanzenfresser und Fleischfresser.

Schon darin kommt eine extreme Simplifikation zum Ausdruck, die in direktem Widerspruch steht zu der in der Natur seit Jahrmillionen im Gang befindlichen Evolution, in deren Verlauf die einzelnen Tierarten sich spezialisiert haben, nicht nur für einen bestimmten Lebensraum (Land, Wasser, Felsen, Steppe, Wald, Gebirge, Tiefland, Tropen, Polarzone usw.), sondern auch für eine ganz besondere Ernährung. Diese Spezialisierung drückt sich aus in weitgehenden Anpassungen, namentlich des gesamten Verdauungsapparates vom Gebiß bis zum Enddarm mit allen damit zusammenhängenden Organen, die ihrerseits mit dem Gesamtorganismus aufs innigste verwoben sind.

Der Australier David Fleay ist immer noch der einzige, der jemals das Schnabeltier (Ornithorhynchus) gezüchtet hat. Das war 1943. Kein Zoo außerhalb Australiens besitzt heute Schnabeltiere. Ein Haupthindernis besteht in der Fütterung, nämlich in der täglichen Beschaffung von Regenwürmern, Kaulquappen, Süßwasserkrebsen usw. – und zwar kiloweise.

Was heißt z. B. «Pflanzenfresser»? Dazu gehören beispielsweise die Affen, die Wiederkäuer, die nicht wiederkäuenden Huftiere, die Nager, die Elefanten und ihre merkwürdigen Verwandten, die Klippschliefer und Seekühe, ferner das Gros der Vögel von den Papageien bis zu den Gänsen und von den algenfressenden Zwergflamingos bis zu den körnerfressenden Finken. Auch viele Reptilien, namentlich Schildkröten und Echsen, gehören zu den Pflanzenfressern. Selbst unter den Fischen gibt es ausgesprochene Vegetarier.

Die Spezialisierung auf bestimmte Pflanzennahrung wie Blätter, Zweige, Rinde, Wurzelknollen, Gras, Früchte, Körner, Beeren usw. kommt in der aufs feinste abgestimmten Struktur der Zähne und aller der Verdauung dienenden Organe zum Ausdruck, aber auch schon in den Sinnesorganen, die dem Aufsuchen des spezifischen Futters dienen, im Verhalten — kurz: im Gesamtorganismus.

Entsprechend verhält es sich selbstverständlich auch mit dem sogenannten Fleischfresser von Dr. Ratcliffe. Da gibt es nicht nur die großen Landraubtiere, die über andere Säugetiere herfallen, die Aasfresser und Knochenvertilger, da gibt es solche, die hauptsächlich behaarte oder gefiederte Beute verzehren, warmblütige oder kaltblütige, da sind die vielen Fisch- und Amphibienfresser vom Seelöwen bis zur Ringelnatter, das riesige Heer der Insektenfresser vom Maulwurf bis zur Nachtigall und von der Fledermaus bis zum Laubfrosch.

Den dritten Typus dieser grotesken Kücheneinteilung, den Allesfresser, gibt es ohnehin nicht. Es gibt lediglich Gemischtfresser, d. h. die weniger stark Spezialisierten. In meinem Buch «Mensch und Tier im Zoo — Tiergartenbiologie» (1965), das auch ins Amerikanische übersetzt worden ist, habe ich mich gründlich mit der Absurdität des angeblich idealen Einheitsteiges auseinandergesetzt.

Es geht bei der Fütterung der Zootiere nicht einfach um das physiologische Abfüllen lebender Retorten, sondern um die möglichst sinnvolle, d. h. die möglichst natürliche Befriedigung des Nahrungsbedarfs, nicht nur bezüglich Qualität und Quantität, sondern auch in bezug auf die Art und Weise der Futterdarbietung.

Rechts:
Auch der Koala (Phascolarctos), der populäre australische Beutelbär, ist außerhalb der australischen Zoos nicht anzutreffen – mit der einzigen Ausnahme von San Diego. Koalas fressen ausschließlich Eukalyptusblätter von bestimmten Arten und bestimmtem Alter in abgestimmten Mengen. Ein Ersatzfutter ist merkwürdigerweise noch nicht gefunden.

Vor allem gilt es bei der Ernährung der Zootiere jede Monotonie zu vermeiden. Die Nahrungsaufnahme ist auch beim Tier mit mancherlei subjektiven Empfindungen verbunden. Es gibt eine lustvolle und eine widerstrebende Nahrungsaufnahme, es gibt eine Unterscheidung zwischen bevorzugtem und weniger geschätztem Futter. Die beiden Komponenten Hunger und Appetit spielen beim Tier die entsprechende Rolle wie beim Menschen, wie Experimente ergeben haben; auch Abwechslung und Monotonie wirken ähnlich.

Merkwürdigerweise war es ausgerechnet der Vorgänger von Dr. Ratcliffe im Philadelphia-Zoo, Dr. Herbert Fox, Verfasser eines klassischen Werkes über Zootierkrankheiten, der schon 1923 vor der Monotonie in der Zoofütterung warnte. Fox kannte nicht nur das tote Tier auf dem Seziertisch, sondern hatte auch ein offenes Auge für das lebende Tier und sein Verhalten im Zoo.

Wir hätten hier nicht auf die abwegige, weil völlig unbiologische Retortenauffassung in der Zootierfütterung eintreten müssen, wenn sie nicht so dogmatisch vertreten worden wäre und wenn ihr Urheber und einige seiner Schüler sich sachlicher Argumente bedient hätten. Statt dessen wurde mit einer statistischen Zahlenakrobatik gearbeitet, deren Fragwürdigkeit ich in dem erwähnten Buch aufgezeigt habe, und außerdem wurde die unbiologische Fütterung für viele bemerkenswerte Zuchterfolge verantwortlich gemacht, an denen sie jedoch nachweislich unbeteiligt war.

Die Fütterung der Zootiere hat nämlich auch sonst, ohne die Rezepte aus Philadelphia, beachtliche Fortschritte gemacht, entsprechend der Entwicklung des ganzen Zoowesens, der Tiergartenbiologie, einschließlich der Veterinärmedizin, die den Tieren — gleichzeitig wie uns Menschen — u. a. die Vitamine, Spurenelemente, Mineralzusätze, Sulfonamide und die Antibiotika beschert hat und darüber hinaus das in vielen Fällen heilsame und streßdämpfende Drogengewehr. Das alles in Verbindung mit zweckmäßigerer und hygienischer Unterbringung hat zur Gesundheitsverbesserung, Lebensverlängerung und vor allem auch zu vielen beachtenswerten Zuchterfolgen beigetragen.

Schimpansen (Pan troglodytes) und andere Menschenaffen wurden früher nicht nur völlig falsch ernährt, nämlich mit «guter Hausmannskost» einschließlich Wurst, Bier, Wein usw., sondern auch als menschliche Karikaturen in menschlichen Kleidern dargestellt, sozusagen als Clowns oder Trottel. Heute geht das nicht mehr an angesichts ihrer wachsenden Bedrohung im Freileben und ihrer biomedizinischen Bedeutung.

Der Zwischenfall mit der — bereits weitgehend überwundenen — «Futterreform» mußte aber noch aus einem anderen Grund erwähnt werden, zeigt er doch, wohin es führen kann, wenn man sich nicht darüber klar ist, oder aus den Augen verliert, daß die Wildtiere im Zoo etwas völlig anderes sind als die domestizierten Nutztiere und daß sie auch eine ganz andere Behandlung verlangen, vor allem eine viel natürlichere Ernährung.

Nutztiere gibt es nur ein paar Dutzend Arten, die zu Eiweißproduktionsmaschinen deformiert sind — sie sind im Laufe vieler Generationen von Menschen allmählich an ein monotones, stereotypes, automatisiertes Vegetieren gewöhnt worden. Wildtiere aber, von denen es über eine Million Arten gibt, sind die unverbildeten Endglieder der natürlichen Evolution, deren besondere Bedürfnisse es zu respektieren gilt; wir dürfen diese herrlichen Geschöpfe nicht auch zu grotesken Zerrbildern, zu Karikaturen machen — jedenfalls müssen die Zoos alle Anstrengungen unternehmen, um das zu verhindern.

Dazu gehört, um es nochmals zu betonen, ein möglichst natürliches Futter mit allen erforderlichen Zutaten wie Vitaminen, Mineralstoffen, Spurenelementen und unter Umständen auch unverdaulichem Ballast. Seelöwen, Hühnervögel, Strauße, Krokodile u. a. brauchen sogar Steine.

Den Begriff «natürliches Futter» dürfen wir selbstverständlich nicht zu pedantisch auffassen. Wir können unsere Löwen, Tiger, Leoparden usw. nicht mit lebenden Antilopen füttern. Aber ein Stück Pferde- oder Rindfleisch mit Knochen ist immer noch viel natürlicher als eine Portion von dem Eiweißteig, bei dessen Vertilgung weder Krallen noch Gebiß eingesetzt werden müssen. Gerade der Gebrauch dieser Freßorgane ist wesentlich, weil er ihrer Degeneration infolge Nichtgebrauchs entgegenwirkt.

Bei der Erwartung des Fleischstückes und beim Draufstürzen, wenn es der Wärter den Tieren reicht, kommt es wenigstens andeutungsweise zu den Aufregungen, die im Freien mit dem Überfallen der Beute verbunden sind, jedenfalls mehr, als wenn das Tier nur seinen monotonen Idealkloß aufzulecken bekommt. Die einzelnen Fleischstücke sind auch nach Konsistenz und Geschmack verschieden, ebenso ihre

Lösbarkeit vom Knochen. Die Bearbeitung eines Rippenstückes oder eines Schulterblattes beschäftigt das Raubtier im Zoo eine Weile, läßt es sein Gebiß, seine Kiefermuskulatur und seine Krallen einsetzen und unterbricht die Monotonie seines Zoodaseins. Monotonie in jeder Form ist unnatürlich; denn das Freileben der Wildtiere ist außerordentlich vielgestaltig und voller Abwechslung und Aufregung.

Ein Orang Utan, der sich mit allen vieren spontan eine Futterauswahl gesichert hat: einen Apfel, eine Banane und zwei Salatköpfe. Für den Tierpsychologen ist es eine Binsenwahrheit, daß die Nahrungsaufnahme bei höheren Tieren keineswegs nur eine Abfüllung des Magens bedeutet, sondern darüber hinaus mit wesentlichen subjektiven Erlebnissen verbunden ist. Zahlreiche Futterwahlversuche beweisen die Bedeutung der Qualitätswahl je nach Jahreszeit, Stimmung, physiologischem Zustand usw. Fütterungsmonotonie, wie sie in der Nutztierzucht üblich geworden ist, erweist sich für Wildtiere tiergartenbiologisch als falsch.

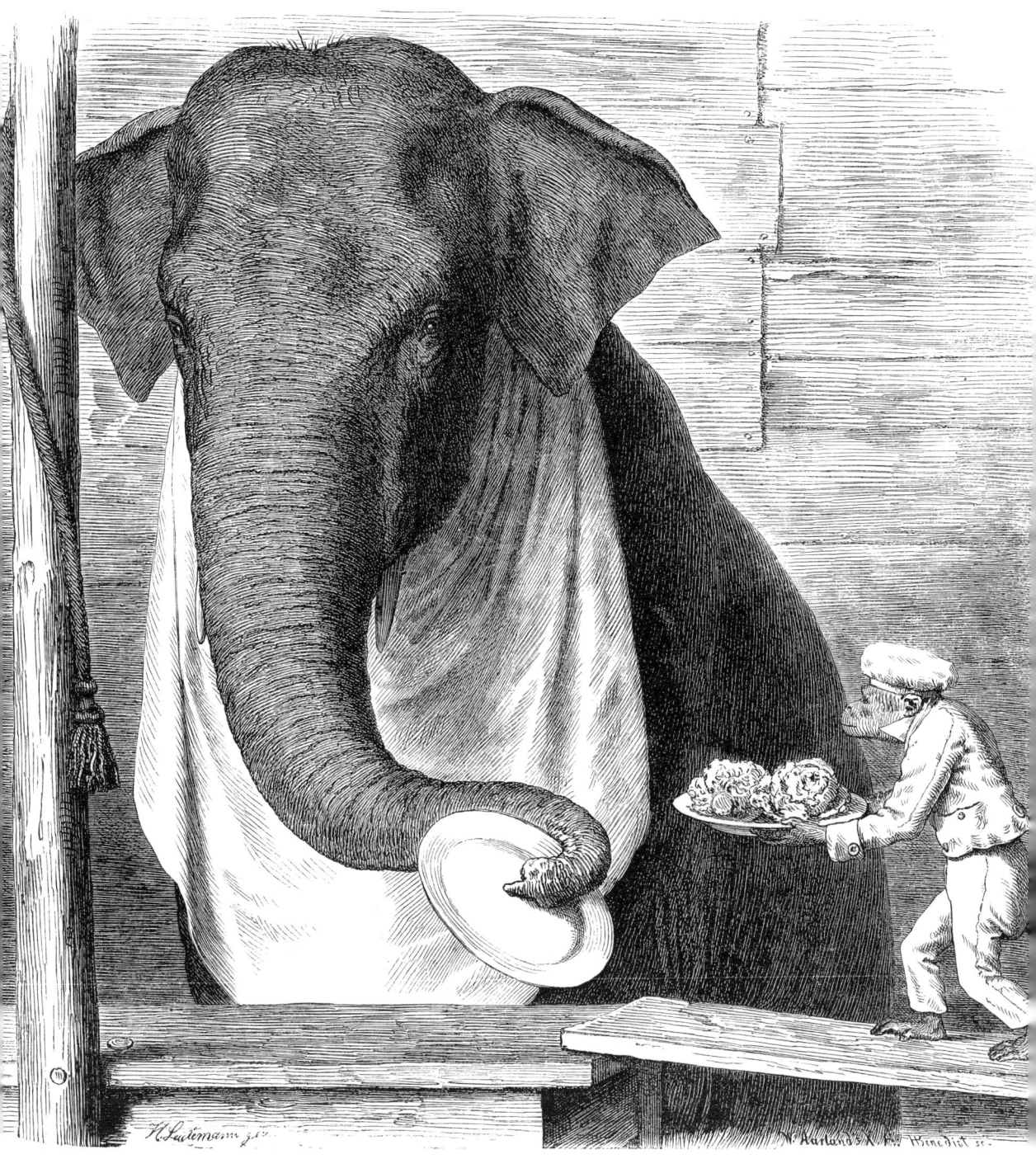

Tierpsychologie im Zoo

Vermenschlichung in allen Formen beherrschte während des ersten Drittels unseres Jahrhunderts Theorie und Praxis der sogenannten Tierpsychologie. Dieser Holzschnitt entstand in Leipzig anläßlich des Gastspiels einer französischen Wandermenagerie. Ein Affe, «ganz als Koch gekleidet... und mit weißer Kreide bemaltem Gesicht», bedient den großen Gast.

Die moderne Verhaltensforschung ist keine einheitliche Wissenschaft, sondern sie ist in verschiedene Schulen gegliedert und hat entsprechend viele Gesichter. An einem Ende steht die Ethologie, die sogenannte objektive Verhaltensforschung im Sinne von Nobelpreisträger Niko Tinbergen. Diese will reine Physiologie sein und abstrahiert von allem Psychischen, von allem Subjektiven und allem Individuellen.

Es leuchtet ohne weiteres ein, daß diese rein physiologische Auffassung vom Verhalten, so wertvoll sie wissenschaftlich ist, im Zoo nicht genügt, weil wir es dort vorwiegend mit einmaligen Individuen, mit Tierpersönlichkeiten von besonderem Charakter zu tun haben, um deren psychisches Wohlbefinden und subjektives Erleben wir uns sehr ernsthaft zu kümmern haben. Im Zoo geht es uns nicht lediglich um die Kausalanalyse von Verhaltensmechanismen, sondern u. a. auch um eine optimale Einfühlung in die Situation des Tieres aufgrund präziser Beobachtung. Wir wollen unsere Tiere als Subjekte möglichst genau verstehen und sprechen daher von Tierpsychologie als einem Teil der Vergleichenden Psychologie, welche die des Menschen und der Tiere umfaßt — ganz entsprechend der Vergleichenden Anatomie, der Vergleichenden Physiologie usw.

Man muß nicht glauben, daß sich die Tierpsychologen im Zoo, weil sie sich mit der Psyche der Tiere beschäftigen, etwa noch in der primitiven Phase ungezügelter Vermenschlichung und des phantastischen Anekdotenerzählens befinden, wie manche Ethologen

Noch um die Mitte unseres Jahrhunderts konnte man solche und ähnliche Szenen in Zoologischen Gärten beobachten: Der Direktor beim Schnaps- oder Champagnertrinken mit verkleidetem Schimpansen. Auch das Rauchen von Zigaretten und Zigarren brachte man den Menschenaffen bei und war stolz auf derartige «Sehenswürdigkeiten». Neuerdings verfiel ein Zoodirektor sogar auf die Idee, Schimpansen malen zu lassen, um durch den Verkauf solcher Bilder seinen notleidenden Zoo zu finanzieren. Natürlich handelt es sich dabei nicht um Zoos in dem hier definierten Sinn.

meinen. Wirkliche Tierpsychologen sind z. B. in der Lage, aufgrund ihrer zoologischen Kenntnisse und Erfahrungen mit Großtieren — nicht zuletzt auch aufgrund ethologischer Tatsachen — das Verhalten des Tieres in bestimmten Situationen vorauszusagen. Und diese Verhaltensprognosen lassen sich genau kontrollieren. Es wird also keineswegs leichtfertig drauflosgeflunkert, sondern es wird mit den psychologischen Gesetzmäßigkeiten gearbeitet, die dem apsychisch oder antipsychisch eingestellten Ethologen verborgen bleiben.

Nehmen wir ein Beispiel. Wie Tinbergen (1952, S. 5) in seiner berühmten Instinktlehre ausführt, ist es unzulässig, beim Tier von Hunger, Angst, Wut und ähnlichem zu reden, weil das jeder nur bei sich selbst erleben kann: «Beim anderen Subjekt, zumal wenn es von anderer Art ist, kann man über entsprechende subjektive Zustände nur Vermutungen äußern. Wer solche Mutmaßungen als Kausalerklärung anbietet, der macht sich der Grenzüberschreitung zwischen Psychologie und Physiologie schuldig.»

Dazu ist zu sagen, daß es uns im Zoo durchaus nicht in erster Linie um Kausalerklärungen geht, sondern darum, das Tier optimal zu verstehen und zu behandeln.

Eine andere Frage ist es, ob sich die Fülle der Lebenserscheinungen sauber in eine psychologische und in

Dieser Schimpanse amüsierte sich mit dem Publikum dadurch, daß er sich einen Ziegelstein auf den Rücken lud und so lange herumging, bis sich genügend Zuschauer vor seinem Käfig angesammelt hatten. Dann schwang er den Stein in bedrohlicher Weise, ließ ihn blitzschnell fallen und warf eine Handvoll Sand unter die Zuschauer. Für den Schimpansen erreichte das Spiel seinen Höhe- und Endpunkt, wenn er die Wurfbewegung mit der leeren Hand ausführte und die Zuschauer trotzdem zurückfuhren.

eine physiologische Schublade ablegen läßt. Die Psychosomatik, die sich keineswegs auf den Menschen beschränkt, ist da anderer Meinung als Tinbergen, der als Ethologe mit Schärfe die Behauptung ablehnt, psychische Vorgänge könnten Ursachen physiologischer Vorgänge sein. — Wenn also kurz vor der Fütterung die Tiger, Löwen, Leoparden, Jaguare usw. in der bekannten Weise unruhig oder sogar erregt in ihrem Raum hin und her gehen und nach dem Wärter Ausschau halten, wagen wir es als Tierpsychologen zu behaupten, diese Tiere seien hungrig.

Oder wenn ein versehentlich aus seinem Käfig ausgestiegener Schimpanse mit Hilfe einer kleinen Schildkröte oder einer Schlange wieder zum Aufsuchen seiner Behausung auf schnellstem Wege angetrieben werden kann, dann sagen wir ohne Bedenken, wir hätten ihm mit dem Reptil Angst bzw. Furcht eingeflößt.

Wenn schließlich ein ungezogener Besucher durch ungestümes Herumfuchteln mit seinem Schirm vor dem Leopardenkäfig das Tier zum Fauchen und zum Anspringen gegen das Gitter bringt, dann sagen wir

In den künstlichen Territorien der Braunbären (Ursus arctos), d. h. in ihren Gehegen im Zoo, spielen Bäume die Rolle von wichtigen Fixpunkten: ein männlicher Braunbär beim Markieren mit Rückenreiben in der typisch aufgerichteten Stellung unter gleichzeitiger Harnabgabe.

Derselbe Bär bei der Geruchskontrolle der am Malbaum angebrachten Marke.

Beispiel für die biologische Bedeutung lebender Vegetation in einem Tierraum: lebendes Löwenzahnblatt, das von einer Streifenhyäne (Hyaena hyaena) als Markierungsträger benützt wurde, d. h. zum Anbringen des Analdrüsensekretes (auf der Blattrippe).

ohne Hemmung, der Besucher habe das Tier in Wut versetzt. — Damit behauptet der Tierpsychologe jedoch keineswegs, der Tiger empfinde einen menschlichen Hunger, der Schimpanse eine menschliche Angst und der Leopard eine menschliche Wut; er meint damit (vergleichend) nur das Analogon, in diesen Fällen sogar das Homologon zur entsprechenden menschlichen Empfindung. Wenn wir das nicht mehr dürfen, dürfen wir auch nicht mehr behaupten, der Tiger habe einen Kopf, der Schimpanse Hände oder der Leopard Beine. Wir meinen auch hier nicht, der Tiger habe einen menschlichen Kopf usw., sondern nur das dem menschlichen analoge bzw. homologe Organ. — Wir könnten ja anders kaum mehr über Tiere reden, und im Zoo wären das besonders mühsam.

Im Sinne einer solchen psychologischen Verstehbarkeit des Tieres gehört es zu den ersten und vornehmsten Aufgaben der Verantwortlichen im Zoo, daß die Tiere mit einem ihnen zusagenden Territorium und mit passenden Artgenossen versehen werden.

Ein Territorium besteht in der Regel aus zweierlei Elementen: aus sogenannten Fixpunkten und aus den diese verbindenden Wegen (Wechseln). Der mit Abstand wichtigste Fixpunkt ist das Heim; es läßt sich als die Stelle optimaler Geborgenheit charakterisieren, wo also das Tier Ruhe und Entspannung findet. Je nach der Art ist z. B. auch ein Bad, ein Schlammbad, eine Tränke, eine Stelle für Kot- und Harnabgabe, für das Anbringen von Markierungsstoffen usw. in der Ein- oder Mehrzahl notwendig. Als Heim braucht das eine Tier vielleicht einen abgeschirmten, abgedunkelten, gepolsterten Winkel oder ein besonderes Abteil, es kann sich aber auch — bei einem Vogel — um einen Ast von bestimmter Dicke und Winkelstellung handeln, um eine Art Nistkasten usw. Klettertiere brauchen Klettermöglichkeiten, Grabtiere können unter Umständen auffällige Bewegungsstereotypien oder eigentliche Neurosen entwickeln, wenn ihnen jede Grab- und Wühlmöglichkeit (z. B. wegen eines nackten Betonbodens) fehlt.

Hier wären tausend Einzelheiten aufzuzählen, die zur Ausgestaltung der Gehege bzw. der künstlichen Territorien wichtig sein können, damit sich das Tier wohl fühlt — und das braucht es für seine eigene Gesund-

Die volle, schöne Behaarung des Elefantenschwanzes kann nur erhalten werden, wenn die Tiere täglich baden. In Indien werden Arbeitselefanten regelmäßig abgeschrubbt. – Noch vor wenigen Jahrzehnten pflegte man Elefanten einzeln und ohne Bad zu halten.

Nicht im Freileben, sondern nur im Zoo ließ sich feststellen, wie denn eigentlich das Straußenküken es fertigbringt, beim Schlüpfen die dicke Eischale zu öffnen: Nicht mit dem sagenhaften Eizahn und nicht mit der «larvalen» Halsmuskulatur öffnet es dieses porzellanene Gefängnis, sondern mit einem kräftigen Stoß seiner Beine. Das Bild zeigt den ersten Durchbruch der harten Schale von innen. Heute weiß man auch, daß Vogeleier keine in sich abgeschlossene Mikrokosmen sind, sondern daß bei verschiedenen Arten die Eier eines Geleges miteinander kommunizieren können.

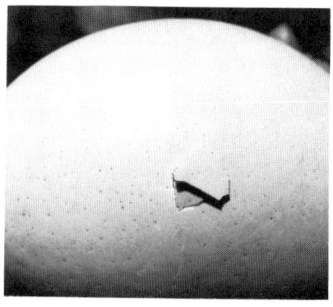

heit und für eine normale Fortpflanzung dringend. In einem Zoo merkt man gewöhnlich auf den ersten Blick, ob darin alte Menageriementalität oder tierpsychologisches Verständnis maßgebend sind.

Für sein psychisches Wohlbefinden braucht das Tier auch die Gesellschaft von Artgenossen gemäß der soziologischen Struktur seiner Art. Es gibt Einzelgänger wie z. B. die Geparde, die nur während einer kurzen Brunstzeit in Paaren zusammenleben, die also im Zoo entsprechend zu trennen sind. Andere, etwa Menschenaffen, leben dauernd im Familienverband, noch andere in Rudeln; das können Fische, Vögel oder Antilopen sein. Bei der Geburt und Aufzucht der Jungen muß — auch wieder je nach der Art — der Vater dabei sein oder von der Kinderstube streng getrennt bleiben.

Soziale Spannungen und übertriebene Rivalitäten, die in dauernde Frustration oder in Verletzungen ausarten, gilt es zu vermeiden, um eine ausgeglichene, harmonische Stimmung zu erhalten. Tierpsychologen können nicht umhin, auch beim Tier von Sympathie und Antipathie zu sprechen. Zur Zucht sind keineswegs nur zwei Exemplare ungleichen Geschlechts erforderlich. Es gibt auch Freundschaften unter Tieren, nicht nur im Zoo, sondern auch im Freileben.

Kleine pflegerische Aufmerksamkeiten erhöhen das Wohlbefinden der Tiere im Zoo: So legen sich afrikanische Strauße genießerisch in die vom Wärter aufgewirbelten Staubwolken. Strauße tun das auch in ihrer Heimat, wo in der Trockenzeit oft durch Windhosen Staubwolken entstehen. Durch fächelnde Bewegungen des Gefieders können so lästige Parasiten zerrieben werden.

Es ist hier nicht möglich, auf das große Gebiet der Tiersoziologie näher einzutreten, aber soviel muß für das Verständnis der folgenden Ausführungen kurz in Erinnerung gerufen werden: Die meisten Tierarten weisen eine ganz spezifische Sozialstruktur auf, und zwar im Sinne einer Hierarchie, d. h. es gibt ein Spitzenindividuum, das Alpha-Tier, dann das Beta-Tier als zweithöchstes usw. bis zum Omega-Tier, dem Aschenbrödel, das sich vor allen anderen ducken muß.

Nun haben viele Tiere, namentlich die höheren (Vögel und Säuger) die Eigenart, ihren Wärter mit der Zeit als einen ihrer Artgenossen zu betrachten, also in die eigene Art und sogar in die eigene Sozialstruktur einzubauen. Das ist eine Folge der Tieren und Menschen eigentümlichen Angleichungstendenz; diese wirkt sich beim Tier als Vertierlichungstendenz aus, beim Menschen als Vermenschlichungstendenz.

Wer diese Behauptung zum erstenmal hört, daß der zahme Löwe in seinem vertrauten Pfleger einen Löwen, der Tiger einen Tiger, der Schimpanse einen Schimpansen sieht und ihn entsprechend bewertet

Auch heute ist kein Zoo absolut sicher vor Zwischenfällen. Unterschätzen der Kraft und Beweglichkeit der Tiere, menschliches Versagen beim Schließen und Kontrollieren der Tierräume sowie Mißachtung des Prinzips der doppelten Sicherung beim Bauen machen es gelegentlich möglich, daß ein Tier ausrückt – wie dieser Bär um 1890 im Londoner Zoo. In derartigen Situationen wird heute oft das Drogengewehr eingesetzt, aber manchmal hilft auch der altbewährte Besen.

und behandelt, hat begreiflicherweise etwas Mühe, das zu glauben. Es läßt sich aber tierpsychologisch mit derselben Gewißheit wie vorher die Tatsache beweisen, daß sich das gut untergebrachte Zootier nicht als Gefangener, sondern als Grundbesitzer fühlt. Nur ist es hier nicht möglich, die Fülle von Beweisen auszubreiten. Wir müssen uns auf zwei Beispiele beschränken.

Im Ethogramm, d. h. im Verhaltenskatalog des Tigers, finden wir als eine von zahlreichen arttypischen Verhaltensweisen das sogenannte Begrüßungsprusten, ein Zeremoniell, das — soweit wir heute wissen — anderen Katzen (mit Ausnahme des Schneeleoparden) fehlt. Es besteht darin, daß zwei sich gut bekannte oder befreundete Tiger, wenn sie sich begegnen, einen eigentümlichen Schnurrlaut hören lassen. Es ist das die Begrüßung unter Tigern.

Nun haben diese Großkatzen die Eigenart, auch ihren Wärter, wenn sie ihn gut mögen, in derselben Weise zu begrüßen. Erst seit einiger Zeit wissen Raubtierwärter, daß sie diesen typischen Tiergruß anstandshalber erwidern sollten. Viele Wärter tun das jetzt auch. Die besseren unter ihnen bieten diesen Schnurrgruß sogar zuerst und werden dann vom Ti-

Bei der ersten Geburt eines Hippopotamus amphibius in einem Zoo (London 1871) war Charles Darwin zugegen und wurde durch das Verhalten der Mutter tief beeindruckt. Das Junge lebte nur zwei Tage. Man wußte damals noch nicht, daß Nilpferde unter Wasser gebären. So sperrte man auch für die zweite Geburt (1872) die Mutter aufs Trockene und nahm ihr das scheinbar vernachlässigte Junge weg, um es in einem weichen Heubett mit einer Wolldecke zu wärmen. Auch es starb nach wenigen Tagen. Heute bieten Nilpferdgeburten keine Schwierigkeiten, wenn der Zugang zum Wasser gesichert ist.

ger zurückgegrüßt. — Das Tigerzeremoniell wurde also vom Tiger auf den Menschen als Mit-Tiger übertragen.

Beim Löwen finden wir nichts Derartiges, höchstens eine Art von gegenseitigem Begrüßungslecken, doch stößt das im Zoo für alle Beteiligten auf Schwierigkeiten, so daß es sich nicht so gut demonstrieren läßt wie das auf Distanz auszulösende Prusten.

Dafür liefern uns männliche Löwen einen anderen, nicht minder eindrücklichen Beweis ihrer Angleichung des Pflegers an ihre eigene Art. Der Tierwärter im Zoo oder der Dompteur im Zirkus kann mit seinen Löwen ein so gutes Verhältnis haben, daß sie sich von ihm sogar durchs Gitter streicheln lassen, je ausgiebiger und kräftiger, um so besser.

Das kann sich nun buchstäblich von einem Tag auf den anderen schlagartig ändern, nämlich wenn das Löwenweibchen in Hitze, in der Brunst, ist. Der Mähnenlöwe, der sich vom Wärter eben noch kraulen ließ, faucht ihn dann unheimlich an und schlägt mit den Pranken nach ihm, wenn er am Gitter vorbeigeht. Warum? Weil der Löwe im Menschen einen art- und geschlechtsgleichen Rivalen, d. h. einen Artgenossen sieht.

Konsequenterweise führt die Angleichung, diese Vertierlichung des Menschen, bis zum Rivalenkampf oder auch bis zum Begattungsversuch, der nicht minder gefährlich ist, wenn es sich um Großtiere handelt. — Weniger Mühe macht es uns Menschen zu glauben, daß ein Jungtier, wenn es vom Menschen aufgezogen wird, in ihm seine Mutter, also auch einen Artgenossen sieht. Auch die im wissenschaftlichen Experiment wie in der Zoopraxis auftretenden Prägungsphänomene beruhen auf der Tatsache, daß der betreffende Mensch mit einem Artgenossen des Tieres identifiziert wird.

Der Zoowärter — ja sogar jeder Hunde- und Katzenbesitzer — gibt seinem Tier einen menschlichen Namen und spricht mit ihm zuweilen wie mit einem

Die sogenannte Obsterntereaktion des Edelhirsches (Cervus elaphus) ist nur eine von ungezählten Verhaltensweisen, die bisher nur bei Tieren in menschlicher Obhut beobachtet werden konnten. Es handelt sich um eine nur selten zu sehende Geweihfunktion: Der Hirsch richtet sich frei auf, winkelt den Kopf stark nach vorn ab, so daß die Geweihenden die maximale Höhe und damit die sonst nicht zu erlangenden Äpfel erreichen. Wildpark Langenberg, 14. 10. 1969.

Menschen. Bei unkritischen Menschen kann das für das Tier schlimme Folgen haben: Die Vermenschlichung führt immer zu Mißverständnissen, oft zur Überforderung oder zur Verhätschelung des Tieres. Überfordert wird z. B. ein Affe, den man stubenrein machen will, und man verhätschelt einen Hund, den man mit Pralinen füttert und auf Seidenkissen bettet. Der gute Wärter und der Tierpsychologe im Zoo sind sich selbstverständlich ihrer tiefsitzenden Vermenschlichungstendenz bewußt und können schädliche oder falsche Auswirkungen vermeiden. Beim Tier hingegen fehlt eine intellekt- oder gefühlsmäßige Bremsung seiner Vertierlichungstendenz. Es sieht in vielen Fällen im Wärter also einen Artgenossen von bestimmtem sozialem Rang.

Rechts:
Während Vögel früher strikte in Vogelhäusern, Nashörner in sogenannten Dickhäuterhäusern untergebracht worden sind, versucht man heute immer mehr, Tiere in ihren natürlichen Symbiosen zu zeigen. Im Afrika-Haus des Zürcher Zoos präsentierte der Verfasser 1965 erstmals die in Afrika häufig zu beobachtende Symbiose zwischen Spitzmaulnashorn (Diceros bicornis) und Kuhreiher (Ardeola ibis) sowie Madenhacker (Buphagus erythrorhynchus). Beide Vögel sind auf Kopf und Rücken des Nashornes sichtbar, beide wurden im Afrika-Haus gezüchtet.

Diese Tatsache ist überall dort von besonderer Bedeutung, wo der Wärter den besetzten Tierraum (Käfig oder Gehege) zu betreten hat. Das kann z. B. bei Huftieren, Affen oder Raubtieren zu scheinbar spontanen Angriffen auf den Wärter führen, einfach deswegen, weil das Tier im Wärter einen artgleichen, ins Territorium eingedrungenen Rivalen sieht. Das Tier ist also vom Wärter eindeutig provoziert worden; es hat nicht «böswillig» oder «hinterlistig» angegriffen. Das wären anthropomorphe, falsche Unterstellungen. In der Regel muß daher der Wärter die Tiere wegsperren, um ungefährdet arbeiten zu können. Im Zirkus ist das jedoch nicht möglich, weil der Dompteur in der Manege mit seinen Tieren zusammen arbeiten muß. Das kann er aber nur, wenn er konsequent und unerbittlich die Rolle des Super-Alpha spielt, also des absolut überlegenen Individuums.

Im Zoo ist diese zirkustypische Situation deswegen von geringerer Aktualität, weil der Wärter die entsprechenden Tiere in der Regel wegsperren kann. Wo das nicht möglich oder nicht gebräuchlich ist, wie z. B. bei Elefanten, empfiehlt sich die sorgfältige Berücksichtigung des vorher geschilderten psychologischen Tatbestandes. Dieser kann auch allmählich heranreifen, z. B. wenn junge männliche Menschenaffen in Pflege genommen werden, die im Laufe der Jahre Geschlechtsreife erreichen und sich als Territoriumsbesitzer zu gebärden beginnen. Dann kann für den Pfleger eine gefährliche Situation entstehen, die sich durch ärgerliche, aber zunächst harmlose Befehlsverweigerung anzukündigen pflegt. Der heranwachsende Menschenaffe fängt gewöhnlich damit an, daß er seinem Pfleger — der bisher die Rolle der Mutter spielte — den Gehorsam verweigert. Nach einer Weile kann es aber zu gefährlichen Auseinandersetzungen kommen, wenn die Warnsignale nicht gebührend beachtet werden.

In der Literatur gibt es viele derartige Beispiele. Recht anschauliche haben wir auch in schweizerischen Zoos erlebt.

Schließlich darf ich nochmals daran erinnern, daß jeder Zoo einen buchstäblich unerschöpflichen Quell für tierpsychologische Beobachtungen und Forschungen darstellt. Diese Möglichkeiten sind in den einzelnen Zoos bisher recht ungleich genützt worden.

Zoos von morgen und übermorgen

Das Alfred-Brehm-Haus im Tierpark Berlin (Ost-Berlin) ist das erste, welches gitterlose Freianlagen für Tiger und Löwen zusammen mit vielen anderen Tierräumen unter einem Dach verwirklicht hat.

Wie alle menschlichen Einrichtungen, wie überhaupt alles in der Welt, so entwickeln sich auch die Zoologischen Gärten. Im ersten Kapitel habe ich die verschiedenen Wurzeln zu zeigen versucht, aus denen unsere heutigen Zoos entstanden sind. Die altertümlichen, kerkerartigen, engen Eisenstangenkäfige sind noch manchem von uns in Erinnerung. Oft wurden darin einzelne Exemplare von Tieren gehalten, bis sie als Kadaver schließlich im Museum ihre letzte Bestimmung fanden.
Man sprach damals — nicht ganz zu Unrecht — von den Menagerien als den Vorräumen oder Sterbezimmern der Museen. Das hat sich in neuerer Zeit, besonders in den letzten zwei oder drei Jahrzehnten zum Glück weitgehend geändert. Statt in trostlosen Zwingern leben unsere Zootiere heute meistens in biologischen Naturausschnitten, als glückliche Familienglieder in ihren Territorien, eingebettet in Garten- und Parkanlagen, die gleichzeitig dem betrachtenden Menschen als gesunder Erholungsraum dienen.
Die Zoos werden auf der heutigen Stufe nicht stehenbleiben. Besonders zwei Umstände treiben sie zu weiterer Entwicklung und zu neuen Lösungen an, nämlich eine Akzentverschiebung innerhalb ihres Aufgabenkreises und die Bevölkerungsexposion, die sich in einem rapiden Ansteigen der Besucherzahlen äußert. Galt früher als ideale Verkehrslage für einen Zoo das Stadtzentrum, so hat sich diese eindeutig an die Peripherie verlagert. Nicht die leichte Erreichbarkeit für den Fußgänger, sondern ausgiebige Parkiermöglich-

keiten für Privatwagen und Autobusse sind heute bestimmend. Außerdem ist die traditionelle 10-ha-Grenze an Fläche völlig unzureichend geworden. Der moderne Zoo mit seinen weiträumigen Freianlagen braucht heute weit größere Flächen.
Entsprechend finden wir schon heute eine zunehmende Verlagerung vom Stadtkern an die Peripherie oder noch weiter aufs Land hinaus. Beispiele sind u. a. Rotterdam, Antwerpen, Paris, London, Frankfurt a. M., Milwaukee, São Paulo u. a.
Dem Whipsnade-Park in Dunstable als einer der ersten großräumigen Außenstationen kommt eine besondere Bedeutung zu. Er war ursprünglich gedacht als eine Art Ferienort für die im Londoner Regents-Park eher eng und altmodisch gehaltenen Tiere. Zootiere brauchen aber keine Ferien. Hier haben wir es wieder einmal mit einer typischen, verfehlten Vermenschlichung zu tun. Man betrachtet das dem Publikum exponierte Zootier wie einen überbeanspruchten menschlichen Manager, der sich von Zeit zu Zeit vom Streß erholen muß.

Gesamtansicht des 1963 erbauten Alfred-Brehm-Hauses im Tierpark Berlin (Ost-Berlin). Es handelt sich um das größte bisher in Europa gebaute Tierhaus. Dieses enthält u. a. eine große zentrale Flughalle für Vögel und Flughunde mit üppiger tropischer Vegetation, in welche das Publikum Zutritt hat.

Das Zootier, in einem richtig konzipierten Käfig oder Gehege im Sinne eines künstlichen Territoriums untergebracht, ist wegen der vorbeigehenden Besucher durchaus keinem Streß ausgesetzt. Es darf aufgrund sorgfältiger Erhebungen gesagt werden, daß sich die (höheren) Tiere im Zoo ohne Publikum geradezu langweilen, daß sie durch die Besucher unterhalten und angeregt, aber nicht einer Streßwirkung ausgesetzt werden — immer unter der Voraussetzung, daß die Gehege richtig angelegt sind.

Das bezieht sich nicht nur auf die Inneneinrichtung des künstlichen Territoriums, sondern auch auf seine Umgebung: Das Publikum muß in gebührender Entfernung gehalten werden und mindestens eine Seite, noch besser zwei oder drei Seiten des Geheges müssen als sichere Rückendeckung wirken, d. h. von diesen her darf das Tier niemals gestört oder gar bedroht werden.

Daher sind die früher so beliebt gewesenen Pavillons, Rundkäfige und Rundteiche, wo das Publikum von allen Seiten herandrängen kann, unbiologisch. Es gilt

Die Vögel eines Großflugraumes müssen sorgfältig aufeinander abgestimmt werden: Blattfresser, Raubvögel oder besonders delikate Arten haben darin keinen Platz. Sie werden in natürlich bepflanzten Einzelvolieren im gleichen Haus gezeigt, das gleichfalls Terrarien und Raubtierkäfige enthält.

Die zentrale Flughalle im Alfred-Brehm-Haus enthält eine reiche tropische Vegetation, in der viele Vögel ihre sozusagen natürlichen Biotope gefunden haben, in denen sie sich auch fortpflanzen. Die Vögel gewöhnen sich an das Publikum, das sich selbstverständlich strikte an die Wege zu halten hat.

beim Bau eine bestimmte Publikum-Tier-Quote in bezug auf die Gehegeumgrenzung sorgfältig zu beachten. Doch ist hier nicht der Ort, auf derartige Fragen der Technik einzugehen; auch die Behandlung der Absperrmittel (Gitter, Trockengraben, Wassergraben, Glas usw.) müssen wir hier außer acht lassen.

Es sei nur nebenbei darauf hingewiesen, daß die unbiologische und unpsychologische Pavillonwirkung, d. h. die Bedrängung des Tieres durch Menschen von allen Seiten, zu einer häufigen Erscheinung im Freileben geworden ist. In manchen der wildreichen Nationalparks und Reservate, z. B. in Ostafrika, ist es üblich geworden, etwa einen im Gelände aufgestöberten Leoparden, eine Gepardenfamilie oder eine Löwengruppe mit den Touristenkleinbussen regelrecht einzukreisen. Sogar doppelte und dreifache Umringungen mit dichten Wagenreihen lassen sich heute beobachten. Weil solchen Reservattieren jede Rückendeckung gegenüber aufdringlichen Menschen fehlt, sind sie in der Tat oft sehr viel mehr exponiert als die durch Absperrungen vor Zudringlichkeiten geschützten Zootiere.

Wenn ich übrigens vorher behauptet habe, daß die Besucher die Tiere im Zoo stimulieren und daß sie sich ohne Publikum langweilen, so läßt sich auch das tierpsychologisch belegen. Das hängt mit der tiergartenbiologischen Extra- und Introvertiertheit der Tiere zusammen, d. h. mit dem Grad von Interesse, welches sie für die Vorgänge außerhalb ihres künstlichen Territoriums zeigen. Da kann man die größten Überraschungen erleben — vom Fisch bis zum Affen! Besonders, seit das Publikum, wie das heute in allen fortschrittlichen Zoos üblich ist, die Tiere nicht mehr füttern darf. Damit kann das futterbedingte Interesse der Tiere am Publikum ausgeschlossen werden.

Wir hatten leider wiederholt Gelegenheit, das Verhalten der Tiere im Zoo ohne Publikum zu beobachten, nämlich dann, wenn die Pforten wegen Maul- und Klauenseuche während Wochen geschlossen werden mußten.

Eine allgemeine Apathie, um nicht zu sagen Depression breitete sich alsbald im ganzen Zoo aus. Die Tiere lagen oder standen gelangweilt und langweilig herum und waren dankbar für jeden Reiz, der sich

Rechts:
Auch in modernen Zoos werden selbst die einfachsten Bauregeln der Tiergartenbiologie noch gelegentlich mißachtet, so z. B. bei diesem falsch angelegten Absperrgraben: Vom Strauß (links) ist für den Zoobesucher nur der Kopf sichtbar.

Unten:
Biotopartig ausgestattetes Tigergehege im Zoo New Delhi. Den Tieren stehen Deckung, Schatten, Wasser und Markierungsträger zur Verfügung und damit die Möglichkeit, die jeweils optimalen Stellen auszuwählen – im Gegensatz zu Gehegen, in denen die Bewohner abstrakten Betonlandschaften ausgeliefert sind.

Abgesehen von den wenigen Riesen gibt es heute kaum mehr Tiere, die man nicht hinter Glas zeigen könnte. Auch Menschenaffen und Großkatzen lassen sich risikolos hinter Glas halten, das zudem Schutz vor Infektionen, schädlichem Futter und gefährlichen Fremdkörpern bietet (Tiger im Milwaukee-Zoo).

Neue Ideen im Zoo-Bau sind willkommen. Sie können aber nicht von Architekten allein verwirklicht werden ohne Rücksicht auf die Forderungen der Tiergarten-Biologie, d. h. ohne daß die Biotopansprüche der betreffenden Art sorgfältig einkalkuliert werden. Hier sind typische Dschungelbewohner, Malaienbären (Helarctos malayanus), in einer abstrakten, nackten Betonlandschaft der grellen Sonne ausgesetzt. Falsche Unterbringung verhindert Zuchterfolge. Nur im Tierpark Berlin wurde bisher die zweite Generation in menschlicher Obhut erzielt.

In vielen Projekten für moderne Zoos, so auch in diesem für den North Carolina Zoological Park, kommt die Tendenz zum Ausdruck, den Besucher wetterunabhängig, d. h. unter einem weitgespannten Dach und ohne Gitter an die Tiere der verschiedensten Klimate und Biotope heranzuführen und ihm gleichzeitig die Möglichkeit zu geben, größere Strecken in einem bequemen, umweltfreundlichen Fahrzeug zurückzulegen.

ihnen in dieser monotonen Welt darbot, etwa ein Inspektionsgang. Denn sonst brachte nur noch der konsignierte Wärter die einzige extraterritoriale Abwechslung.

Von Affen, seien es Rhesus oder Dscheladas oder Paviane, ist allgemein bekannt, daß sie sich z. B. an Sonntagen mit großen Besucherzahlen allein durch die Anwesenheit des zuschauenden Publikums zu erhöhter Aktivität (Spiel, soziale Auseinandersetzung usw.) anregen lassen. Die extravertiertesten Tiere (im definierten tiergartenbiologischen Sinn), die ich kenne, sind die Kapuzineraffen. Bei einer Gruppe von ihnen haben wir durch versteckte Fernsehbeobachtung eine direkte Relation zwischen Aktivität und An- oder Abwesenheit von Zuschauern feststellen können. Ohne Zuschauer verhielten sich die Kapuziner sehr ruhig. Sobald aber Besucher vor ihren Käfig traten, setzte eine allgemeine Aktivität, besonders Spielen ein, oft eine erstaunliche Akrobatik bis zum Handstand und Purzelbaum.

Diese Ausführungen zeigen erstens, daß Zootiere durch die Besucher nicht gestreßt werden, und zweitens, daß sie deswegen gewiß keine «Ferien» brau-

chen. Auch das ist übrigens ein rein anthropozentrischer Begriff. Ihm liegt noch ein weiterer, äußerst verhängnisvoller Fehler zugrunde. Tiere machen nämlich keine Reisen; sie sind aber unter Umständen zu periodischen oder unregelmäßigen Wanderungen über geringe oder außerordentliche Strecken in der Größenordnung von Tausenden von Kilometern aus inneren oder äußeren Ursachen (z. B. Vogelzug, Futtermangel, Überschwemmung) gezwungen.

Kein Tier aber verläßt seinen angestammten Wohnraum, sein vertrautes Territorium, ohne diesen inneren oder äußeren Zwang. Daher sollte man einem Tier jeden nicht unbedingt nötigen Transport, jeden Umzug, jede Ortsveränderung nach Möglichkeit ersparen. Fremder Raum ist unheimlicher Raum; jeder erzwungene Raumwechsel bedeutet ein Trauma. Ferienaufenthalte für Zootiere sind daher ein Unfug, eigentlich eine Quälerei. Das mußte auch jener Architektengruppe vor Augen gehalten werden, welche ums Jahr 1970 die Stadt Boston (Mass.) mit dem ersten «vertikalen Zoo» beglücken wollte, mit einem zwölfstöckigen Hochhaus in der Innenstadt, angefüllt mit Zootieren in entsprechend engen Räumen, also

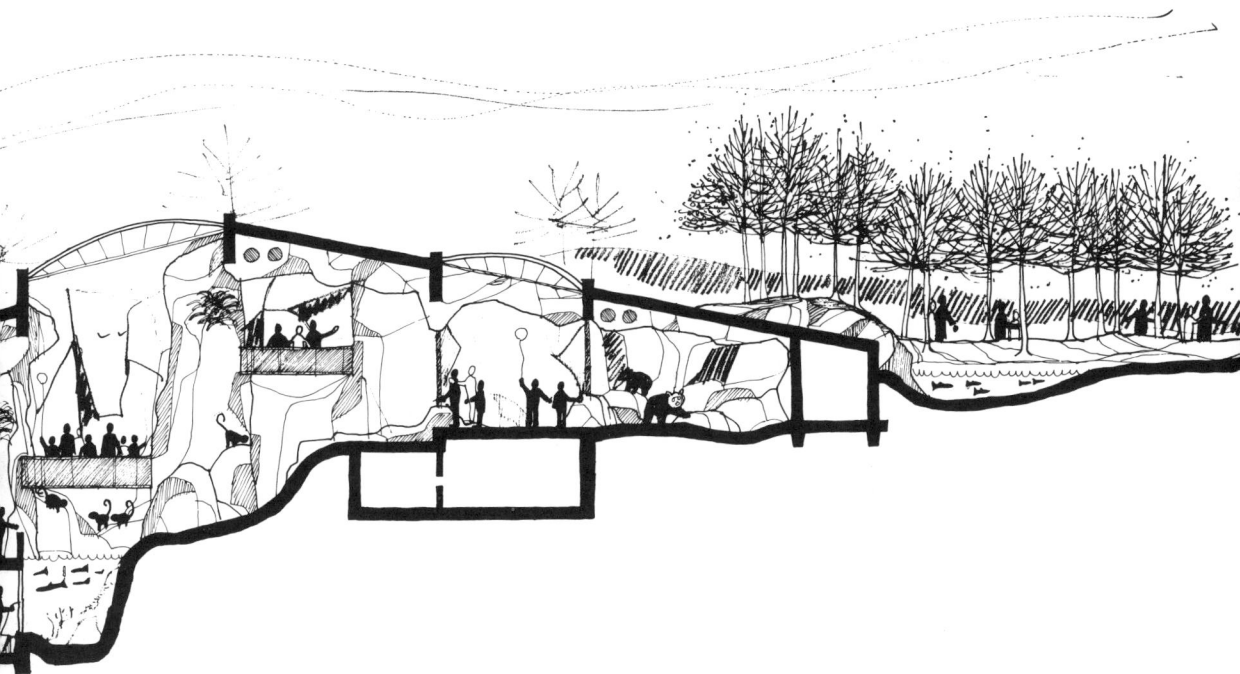

Beispiel einer völlig biologischen Haltung von Panzerechsen im Zoo von São Paulo. Wo das Klima eine derartige offene Haltung nicht gestattet, werden geräumige treibhausartige Hallen mit einer Uferpartie und viel Vegetation eine natürliche Präsentation ermöglichen.

eine Art moderne Menagerie ohne Garten und Park. Hier war auch vorgesehen, den bedauernswerten Tieren von Zeit zu Zeit einen Ferienaufenthalt außerhalb der Stadt zu gewähren.

Das Beispiel zeigt, daß auf dem Gebiet des Zoobaus auch heute noch schlechterdings alles möglich ist. Aber die Zukunft wird gewiß nicht dem vertikalen Zoo gehören. Hier ist die uralte Verwechslung mit dem Museum mit im Spiel. Der Zoobau kann grundsätzlich nicht Architekten allein überlassen werden. Der neue Zoo von Madrid ist ein warnendes Beispiel, was passieren kann, wenn ein Zoo ausschließlich das Werk von Architekten ist. Heute ist für die Anlage von Zoos unbedingt ein Teamwork von Architekt und Tiergartenbiologe notwendig. Die Ergebnisse der

Bedeutende Überraschungen wird den Zoos der Zukunft das Meer bescheren, z. B. in Gestalt von großen Walen. Der Schwert- oder Mörderwal (Orcinus orca) erreicht eine Länge von 9 m und ein Gewicht von 8 Tonnen, also von zwei großen Elefanten. Das erste lebende Exemplar gelangte 1964 in menschliche Obhut (Vancouver), und 1977 hat sich der erste Zuchterfolg eingestellt (Los Angeles).

Folgende Doppelseite: Der Wild Animal Park des San-Diego-Zoos in San Pasqual (Südkalifornien) mit seinen weitläufigen afrikanischen Landschaften, die mit ganzen Herden von Nashörnern, Elefanten, Giraffen usw. besetzt sind, zeigt neue, imposante Wege moderner Tierhaltung. Allerdings ist diese Methode nur in besonders günstigen Klimaten zu verwirklichen. Kühne Zoofachleute träumen davon, ganze Landschaften unter gigantischen Kuppeln zu klimatisieren, wie etwa die Sportanlagen in Houston, Texas. Vgl. auch die Abbildung am Schluß des Buches.

Verhaltensforschung, insbesondere der Tierpsychologie, dürfen heute ebensowenig übersehen werden wie die Gesetze der Architektur.

Zoos müssen als schöne Gärten und geräumige Parks in vermehrtem Maße der Rekreation dienen und müssen als weite wohltuende Erholungsräume ruhige Inseln im Meer des Verkehrs, der Technik, des Lärms und der Abgase bleiben. Zur Bewältigung der stets steigenden Besuchermassen und der internen Distanzen bedarf es diskreter Transportmittel, lautlos schwebender Kabinen oder elektrischer Bodenfahrzeuge oder einer Kombination von beiden, gewissermaßen als Orientierung über lockende Wege im Grünen in größerer Tiernähe. Immer muß die Technik sich so unauffällig wie möglich im Hintergrund halten.

San Diego hat als erster Zoo Rolltreppen und Autobusse mit speziellem umweltfreundlichem Brennstoff eingeführt. Die Passagiere der Busse werden auf ihren Rundfahrten über das zu Sehende informiert.

Der Information des Publikums über die Tiere, Naturschutz- und Umweltfragen ist vermehrte Aufmerksamkeit zu schenken, die wissenschaftliche Arbeit zu intensivieren und die Verbindung mit Schulen und Universitätsinstituten enger zu gestalten.

Als kulturelle Institutionen haben die Zoos ihre geschäftlichen Interessen zugunsten der Förderung von Bildung und Wissenschaft in den Hintergrund treten zu lassen. Mit Recht werden z. B. in England und Frankreich Anstrengungen unternommen, um die kleinen Schaustellungen, die Roadside Shows, die primitiven Menagerien, zu unterbinden, in denen Tiere oft unter bedenklichen Verhältnissen nur zum Geldmachen gehalten werden. Auch in der Schweiz und in vielen anderen Ländern gäbe es da vieles aufzuräumen.

In den letzten Jahren ist ein neuer «Zoo»-Typ in großer Zahl und sehr anspruchsvoll aufgetreten, d. h. so, als ob diesem neuen Typ die Zukunft gehören würde; das wird sie aber sicher nicht. Ich meine die Safariparks, die in letzter Zeit in vielen Ländern aus dem Boden schießen.

In San Pasqual (San Diego) wird der Zuschauer in einer diskreten Bahn durch die afrikaartige Landschaft an großen Tierherden vorbeigeführt und erhält gleichzeitig in dosierter Lautstärke individuelle Information über die zu sehenden Tiere und ihr augenblickliches Verhalten.

Im Prinzip handelt es sich dabei um ein eingezäuntes Geländestück, in welchem — mehr oder weniger sicher unterteilt — verschiedene, namentlich afrikanische Tiere, vor allem auch zahlreiche Löwen, leben. Die Besucher können durch enge Tore dieses Gelände mit ihren Autos befahren, sind aber gehalten, aus Sicherheitsgründen die Fenster nicht zu öffnen. Die Tiere sind also, wie die Besucher selber, dem Lärm und den Abgasen der Autokolonnen ausgesetzt. Von naturkundlicher Information ist meistens keine Rede. Eine individuelle Kontrolle und Pflege der Tiere ist unmöglich. Ihre Unterbringung im Winter ist oft völlig ungenügend; es sind Fälle von Erfrierungen, sogar von Giraffen, bekannt geworden. Die Zahl der Unfälle auf seiten der Besucher ebenso wie des Personals ist enorm. Das Ganze dient dem Geschäftemachen während der guten Jahreszeit und dem Nervenkitzel eines abenteuersuchenden Publikums.
Mit einem Zoo in dem hier definierten Sinne haben derartige Safariparks nichts zu tun. Es ist daher zu begrüßen, daß die deutsche Bundesregierung gegenwärtig Gesetze ausarbeiten läßt, die eine weitere Vermehrung dieser bedenklichen Anlagen verhindern lassen.
Wenngleich futurologischen Prognosen mit großer Skepsis zu begegnen ist — wie wir heute schon auf den verschiedensten Gebieten erfahren haben — läßt sich über den Zoo von morgen und übermorgen doch wohl folgendes aussagen: Weder der vertikale noch der Safarizoo (in dem eben geschilderten Sinne) werden die Leitbilder sein. Noch weniger der mechanisierte Zoo mit allerlei Apparaten im Stile der Skinner-Box, wo man durch Einwurf einer Münze ein Kaninchen zum Klavierspielen oder einen Affen zum Boxen bringen kann. Es gibt — nicht nur in Amerika — geschäftstüchtige Leute, die von derartigen, recht eigentlich unsinnigen Anlagen träumen. Der traditionelle Zoo im heutigen Sinne, wo die Tiere in biotopgerechten, territoriumsmäßigen Käfigen und Gehegen inmitten ansprechender Garten- und Parkanlagen leben, wird wahrscheinlich nie ganz aus der Mode kommen, weil nur er den vom Publikum so stark ersehnten individuellen Kontakt und die intime Information zu vermitteln vermag.

In diesen großräumigen Gehegen können ganze Rudel von Elefanten, Nashörnern, Giraffen, Antilopen usw. gehalten werden. Die Sonne kann hier wie in Afrika ihre stark desinfizierende Wirkung ausüben, aber die Hauptmasse des Kotes wird mit Hilfe von Wagen entfernt. Ebenso wird das Futter mit Wagen zugeführt. Der Ausschnitt zeigt eine «afrikanische Landschaft» im Wild Animal Park in San Pasqual (San Diego, Südkalifornien).

Größere Dimensionen und leistungsfähige, umweltfreundliche Transportmittel werden durch die wachsenden Besuchermassen notwendig werden. Gitterlose Anlagen werden in weit ausgedehnterem Maße Anwendung finden, dergleichen eine bessere Wetterunabhängigkeit durch Überdachungen und luftige Hallen. Die Walk-through-Gehege werden in Zukunft zweifellos noch populärer werden, also Anlagen (Käfige, Gehege), in welche der Besucher zu den Tieren hineingehen kann. Dadurch ist der Blick in keiner Weise behindert, man lebt direkt mit den Tieren zusammen, die in der Regel rasch zahm werden. Zu diesem Typus gehören z. B. die offenen Volieren; man kann ihn auch für große Reptilien, Nager, kleine Huftiere und viele andere entsprechend umwandeln. Natürlich kommen dazu nur harmlose Tiere in Frage und anderseits ein diszipliniertes Publikum, das sich strikte an die vorgeschriebenen Wege hält. Leider bringt das Publikum diese unerläßliche Haltung nicht überall auf. An sich aber bietet dieser Gehege-

Gruppe afrikanischer Elefanten (Loxodonta africana) in einer ansprechend gestalteten Landschaft mit Bade- und Scheuermöglichkeiten und Schattenunterständen. Die Tiere sind keineswegs nur sich selber überlassen, sondern kommen nachts in diskret angebrachte Stallungen, wo eine individuelle Kontrolle und Pflege möglich ist (San Pasqual, San Diego).

typus eine geradezu ideale Möglichkeit der Darbietung, auch weil die unerläßlichen Absperrungen, seien es nun Gitter oder Mauern, sich gegen außen durch die Vegetation vollständig verdecken lassen.

Die Zoos der Zukunft werden nicht nur ihre äußere Form, sondern auch ihren Tierbestand noch überraschend erweitern, allerdings nicht im Sinne der den Museen zu überlassenden Vermehrung der Artenzahl. Schon heute zeigen einsichtige Zoos eine Tendenz zur Reduktion der Artenzahl zugunsten einer Erhöhung der Individuenzahl, weil das bei allen sozialen Tieren wesentlich biologischer ist und die Chancen für erfolgreiche Zucht entscheidend erhöht.

Wenn vorher von einer künftigen Erweiterung des Tierbestandes die Rede war, so bezog sich das auf Tiergruppen, die vor wenigen Jahrzehnten noch kaum in einem Zoo zu sehen waren: So hat die Haltung von Zahnwalen eigentlich erst 1938 in den Marinestudios in Marineland (Florida) begonnen und sich seither über alle Kontinente, zuletzt auch über

Die Emanzipation von Klima und Witterung ist ein Wunschtraum vieler Zoo-Architekten und kommt besonders typisch auch in dieser Skizze von Raymond Moriyama zum Ausdruck, die er für den Metropolitan Toronto Zoological Park 1968 angefertigt hat: sozusagen ein überdecktes, witterungsunabhängiges Tierparadies. Dem Tiergartenbiologen fehlen hier vor allem Unterteilungsmöglichkeiten für unverträgliche Tiere zwischen und innerhalb der Arten. Die herrliche Vegetation würde die Einweihung einer solchen Anlage nur um wenige Tage überleben.

Europa, ausgebreitet. Nicht nur Delphine verschiedener Art, sondern auch Grindwale und Mörderwale bekommt man jetzt in höchst interessanten Dressuren vorgeführt.

Vom Meer her sind also noch entscheidende Überraschungen zu erwarten. Ein alter Wunschtraum harrt noch der Erfüllung: das Tiefseeaquarium. Trotz einer hochentwickelten Aquarientechnik ist es heute noch nicht möglich, den erforderlichen Wasserdruck auf die Dauer zu halten, weil die heute üblichen Reinigungs- und Fütterungsmethoden periodische Druckverminderungen erheischen.

Im Zusammenhang mit den vorher erwähnten Anstrengungen zur Erzielung höherer Zuchtergebnisse steht das Einrichten von reinen Zuchtgehegen ausschließlich im Dienste der Erhaltung gefährdeter Arten, ohne jede Rücksicht auf Besucher, die davon ausgeschlossen bleiben, was sowohl strukturell wie funktionell erhebliche Einsparungen gestattet. Derartige Anlagen haben z. B. der Bronx-Zoo in New York für die Zucht von Orang Utans und der Zoo San Diego für seltene Antilopen. Auch der Zoo von Washington D. C. betreibt ein solches *Conservation Center* in den Blue Ridge Mountains in Virginia.

Der erst vor einigen Jahren nördlich von San Diego, in San Pasqual, ins Leben gerufene überaus großzügige und stilvolle *Wild-Animal-Park* gibt übrigens — in Verbindung mit dem traditionellen Zoo im Balboa-Park — wohl ein sehr gutes Bild von den künftigen Zooanlagen. Allerdings lassen sich solche Pläne nicht in jedem Klima verwirklichen, ebensowenig wie die riesigen Kuppeln, unter denen sich ein ganzer Zoo im klimatisierten Raum unterbringen läßt. Neben den gewaltigen Kosten setzen die winterlichen Schneemassen in kühlen Klimaten da einstweilen Grenzen.

In Südkalifornien war es möglich, ein Gelände von rund 720 ha sozusagen in eine afrikanische Landschaft zu verwandeln, durch teilweise natürliche Bodenvertiefungen und -erhebungen in riesige Gehege zu unterteilen und mit ganzen Herden von Giraffen, Antilopen, Elefanten usw. zu besetzen. Die Stallungen sind sehr diskret, z. T. unsichtbar angelegt und können nachts die Tiere aufnehmen, ermöglichen also eine sorgfältige Kontrolle und individuelle Pflege.

Eine geräuschlose elektrische Bahn führt um die weite Anlage herum und ermöglicht dem Besucher höchst eindrucksvolle Einblicke, vor allem in die afrikanische Fauna, während er über Lautsprecher die nötigen Informationen erhält, die er durch verschiedene Schriften ergänzen kann. Es ist zu hoffen, daß viele Zoos diesem guten Beispiel folgen werden, wo es das Klima gestattet. Wo das nicht der Fall ist, müssen sinnvolle Kompromisse gefunden werden — immer aber unter der stets möglichen Vermeidung von sichtbaren Gittern und Eisenstangen, die endgültig der Vergangenheit angehören.

Biotopgerechte Unterbringung der Tiere in möglichst natürlichen Territorien und sozialen Gruppen bei möglichst natürlicher Ernährung gehören zu den wichtigsten Wünschen des Tiergartenbiologen. Ferner eine Beschränkung der Artenzahl auf Kosten von einzeln gehaltenen Individuen zugunsten von Zuchtgruppen namentlich der gefährdeten Arten, und das alles gleichzeitig in einer dem Menschen als Erholungsraum dienenden Landschaft. Der optimalen volkstümlichen Belehrung und der wissenschaftlichen Forschung sind großzügige Möglichkeiten einzuräumen – unter gebührender Schonung der Tiere.

Literaturhinweise

Es kann sich in diesem kleinen Buch nicht darum handeln, wie in einem wissenschaftlichen Werk alle Angaben durch genaue Literaturquellen zu belegen. Deshalb werden hier nur einige Hinweise auf einschlägige neuere Bücher für solche Leser gegeben, die sich näher mit dem Thema beschäftigen möchten.

Dathe H., Im Tierpark belauscht. Ziemsen Verlag, Wittenberg-Lutherstadt, 1965.
Dittrich L., Auf Safari in Europa. Meine Streifzüge durch Europas Zoologische Gärten. Fackelträger-Verlag, Hannover, 1966.
Fiedler W. Ed., Tiergarten Schönbrunn. Geschichte und Aufgaben. — Schoenbrunn Zoo. History and Problems. (Zweisprachig.) Verband der wiss. Gs. Österreichs, Wien, 1976.
Hancocks D., Animals and Architecture. Hugh Evelyn, London, 1971.
Hediger H., Tierpsychologie im Zoo und im Zirkus. Friedr. Reinhardt, Basel, 1961.
Hediger H., Wild Animals in Captivity. An Outline of the Biology of Zoological Gardens. Dover Publications, New York, 1964.
Hediger H., Man and Animal in the Zoo. Zoo Biology. Routledge & Kegan Paul, London, 1974.
Kirchshofer R., Ed. Zoologische Gärten der Welt. Die Welt der Zoos. Umschau Verlag, Frankfurt a. M., 1966.
Klös H.-G., Von der Menagerie zum Tierparadies. Haude & Spencer, Berlin, 1969.

Zeitschrift und Jahrbuch
«Der Zoologische Garten.» Zeitschrift für die gesamte Tier-Gärtnerei. (Organ des Internationalen Verbandes von Direktoren Zoologischer Gärten.) Gustav Fischer, Jena.
«International Zoo Yearbook.» The Zoological Society of London. Hutchinson of London.

Bildnachweis

Alive, North Carolina Zoological Park, 1974. 94/95
Atlas zur Praxis der Naturgeschichte, Weimar, 1878. 34, 37, 38
William A. Austin, The First Fifty Years (Detroit Zoological Park), Detroit, 1974. 74
A. D. Bartlett, Wild Animals in Captivity, London, 1899. 32, 80, 81
Gerhard Budich, Berlin 86, 88/89, 90
Comet-Photo AG, Zürich 16, 85
Der Zoologische Garten, Band 39, Heft 1/6, Leipzig, 1970. 14, 15
Martin S. Garretson, The American Bison, New York, 1938. 6 o., 44
Robert Gray, Wild World of Animals, San Diego, 1972. 98/99, 100
Heini Hediger, Schwerzenbach 30, 31, 43, 48–52, 54 o., 55–60, 62, 64, 65, 66, 69, 75–78, 92, 93, 96, 97, 102, 103
René E. Honegger/Zoo Zürich 79
William T. Hornaday, The American Natural History, New York, 1914. 70
Hundertjähriger Zoo in Frankfurt am Main, 1958. 33 u.
Jürg Klages, Zürich 53, 71, 82, 83
H. Leutemann 13, 18, 72
H. Leutemann. Aus: Über Land und Meer, Allgemeine Illustrierte Zeitung, Nr. 39. 20/21
Popular Official Guide to the New York Zoological Park, New York, 1909. 54 u.
Glen Rouge, Metropolitan Toronto Zoological Park, Toronto, 1968. 104, hint. Vorsatz
Henri Scherren, The Zoological Society of London, 1905. 17, 24, 33 o.
F. Specht. Aus: Das Buch für alle, Heft 1, Familienzeitung, 1891. 28
J. Webber 46/47
Ferdinand Wucher, Zürich 39
Zürcher Wochenchronik, 14. Oktober 1911. 40

Register der Tiernamen

Affen 23, 39, 67, 73, 83
Antilope 4, 12, 19, 40, 55, 56, 57, 62, 70, 78, 102, 105

Bären 4, 11, 19, 23, 29, 30, 52, 76, 80, 93
Beo 52
Beutelwolf 54
Biber 49, 57
Bison 6, 40, 45, 56
Büffel 54, 62

Capybara 55

Delphin 105

Echse 46, 55
Eichhörnchen 45, 52
Eidechse 39
Eisbär 23, 55
Elefant 4, 12, 17, 19, 23, 24, 26, 29, 36, 37, 67, 78, 84, 97, 102, 103, 105
Essigfliege 12

Fasan 62
Fink 67
Fische 12, 48, 67, 78
Fischotter 47, 48, 49, 53
Flamingo 65, 67
Fledermaus 50, 67

Gans 63
Gemse 23
Gepard 78, 91
Gibbon 52
Giraffe 12, 17, 19, 21, 62, 97, 101, 102, 105
Goldhamster 12, 36

Hirsch 23, 36, 83
Hühnervogel 70
Hund 36, 43, 83
Hyäne 19, 77

Jaguar 75

Katze 36, 43, 80
Kaulquappe 66
Klippschliefer 67
Koala 68
Kojote 23
Krokodil 46, 70
Kuhreiher 84

Lemur 55
Leopard 19, 46, 70, 75, 77, 80, 91
Löwe 12, 13, 19, 21, 23, 29, 36, 40, 70, 75, 81, 87, 91, 101
Luchs 57

Madenhacker 84
Maulwurf 67
Maus 12, 36
Meerschweinchen 12

Nachtigall 67
Nashorn 9, 12, 14, 17, 19, 32, 49, 50, 51, 55, 57, 84, 87, 97, 102
Nilpferd 17, 19, 81

Okapi 61
Orang Utan 55, 71, 105

Pakarana 53
Papagei 62
Pavian 94

Pfau 50

Ratte 12
Regenwurm 66
Reh 25
Riesenschuppentier 51
Ringelnatter 67

Schildkröte 67, 75
Schimpanse 58, 69, 64, 70, 74, 75, 77
Schlangen 46, 50, 52, 75
Schnabeltier 66
Schnecke 52
Schuhschnabel 64
Seehunde 18
Seekuh 67
Seelöwe 67, 70
Stinktier 12
Strauß 12, 19, 37, 70, 78, 79, 92
Süßwasserkrebs 66

Tapir 37
Taube 45
Tiger 12, 19, 23, 29, 55, 57, 70, 75, 77, 80, 81, 87, 92
Türkishäher 50

Uhu 57

Vögel 12, 25, 35, 42, 46, 50, 51, 67, 77, 78, 84, 91

Wal 97, 103, 105
Walroß 46
Waschbär 23
Wildschwein 19

Zebra 12, 40, 62

*Folgende Doppelseite:
Es sind weniger die Tiergartenbiologen als manche Architekten, welche die Zoos der Zukunft mit riesigen stützenlosen Kuppeln überdeckt sehen. So wünschenswert großzügige Klimatisierung und natürliche Bepflanzung in Verbindung mit sozusagen totaler Wetterunabhängigkeit sind – der Zoologe muß stets bedenken, daß namentlich Großtiere und viele Vögel Pflanzen zerstören und daß immer genügend Absperrmöglichkeiten bestehen müssen, welche dem Publikum nicht zugänglich sind. Geeigneter als derartige Monsterhallen dürften kleinere, untereinander durch wettergeschützte Wege verbundene Bauten sein.*

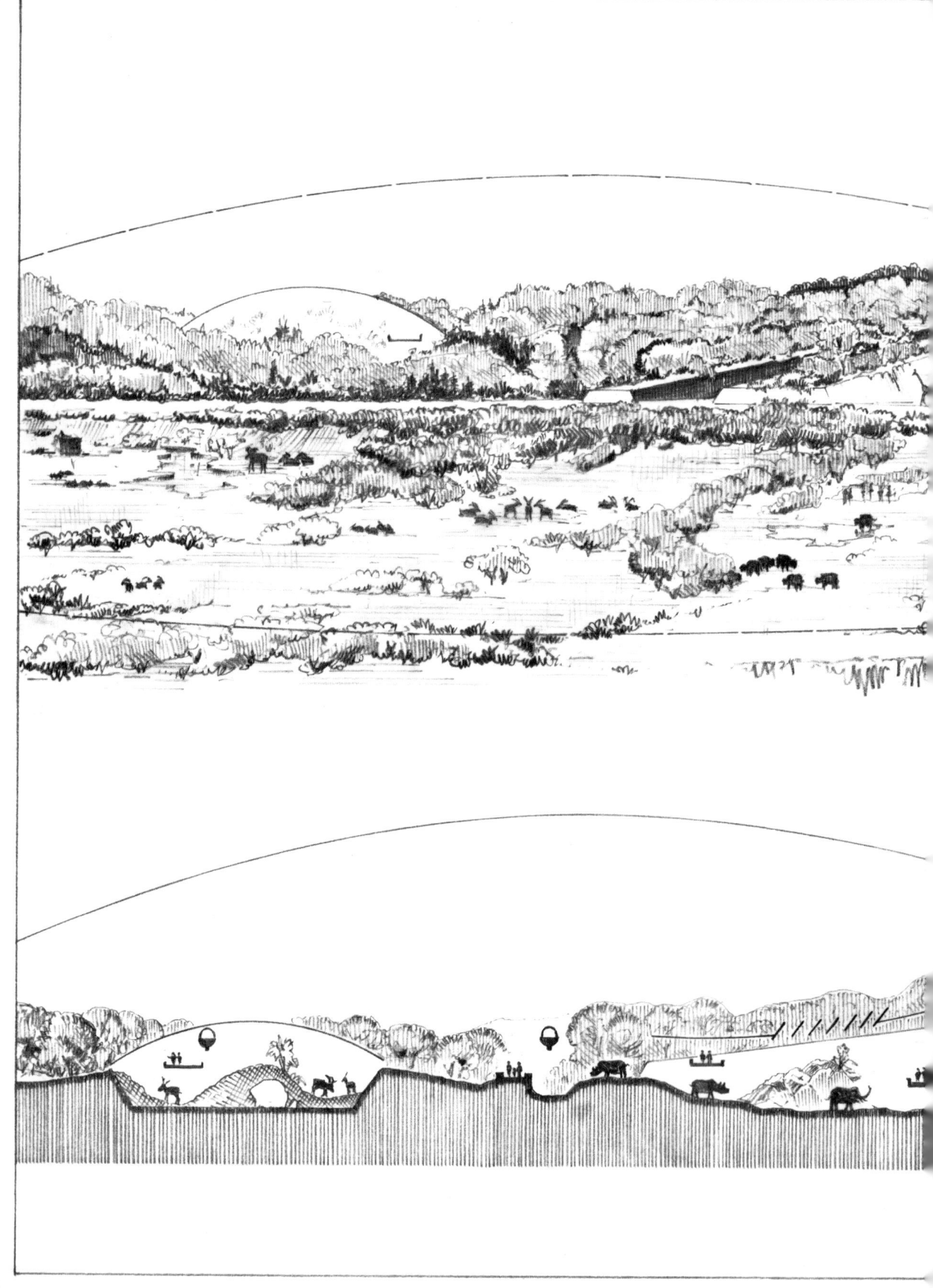